성경으로 풀어낸
사도신경

The Apostles' Creed

성경으로 풀어낸 사도신경

지은이 이 운연
펴낸이 이 운연
초판 발행 2016년 12월 8일
초판 3쇄 2020년 3월 1일

펴낸곳 그라티아출판사
주소 전남 여수시 충민로 175(상가1호)
전화 070-7164-0191
팩스 070-7159-3838
홈페이지 http://www.4re.co.kr
이메일 luy4230@hanmail.net
디자인 디자인집 02-521-1474
ⓒ 그라티아출판사 2017

값 9,000원

ISBN 979-11-87678-01-4 03230

Printed in Korea

성경으로 풀어낸
사도신경

이 운연 지음

사도신경 강해

The Apostles' Creed

그라티아

일러두기

1. 사도신경 번역은 고려신학대학원 교수회 번역본을 따랐습니다.
   이 번역본은 고신총회 『헌법』(2011)에 수록되어 있습니다.

2. 웨스트민스터 대교리문답은 저자가 번역했습니다.

3. 하이델베르크 교리문답은 성약출판사의 『하이델베르크요리문답』(2004)을 인용했습니다.

4. 책은 총 21과로 되어 있습니다. 중간에 "쉬어가는 마당"까지 활용한다면 26주간 활용할 수도 있습니다. 앞으로 발행될 주기도문과 십계명까지 52주 교재로 활용할 수 있습니다.

"신앙의 진수를 배우고자 하는 이들의 필독서"

우 병훈 박사(고신대학교 신학과)

"신조(信條)"란 기독교 신앙의 중요 사항에 대하여 권위를 가진 공적인 신앙고백으로서, 구원과 교회의 안녕을 위해서 반드시 필요한 문서다. 초대교회부터 세례를 받고자 하는 사람들은 반드시 신조를 암기하고 숙지해야 했다. 그 이후, 신조는 이단이나 거짓교회, 불순한 교회를 가려내는 데 있어서 없어서는 안 될 중요한 지침서가 되었다. 그렇기에 "신조 없는 교회는 없다(Ecclesia sine symbolis nulla)." 하지만 안타깝게도 한국교회에는 신조를 무시하는 현상이 만연하다. 그것은 선교 초기부터 지금까지 신조를 한 번도 제대로 배워본 적이 없기 때문이다. 하지만 이제는 상황이 달라지고 있다. 교회의 물량화, 외형화, 대형화의 문제점이 수없이 드러나고 그 한계점에 도달한 지금, 의식 있는 많은 목회자들과 신자들이 보다 내실 있는 신앙을 찾고 있다. 이때 사도신경에 대한 적절한 교재가 출간된 것은 크게 환영할 일이다.

이 교재의 장점은 아래와 같다.

첫째, 이 교재는 사도신경을 성경으로 잘 설명한다. 사도신경은 주로 성경에서 나오는 용어들을 사용하여 구원에 필요한 신앙의 핵심을 요약적으로 잘 담아내고 있다. 이런 의도를 간파하고서 이 교재는 매 항목마다 성경을 가지고 사도신경의 깊은 내용들을 차근차근 친절하게 설명한다.

둘째, 이 교재는 사도신경을 다른 신조들을 가지고 설명한다. 사도신경은 신앙교육과 예배를 위한 목적으로 매우 적합하다. 사도신경이야말로 다른 신조들이 형성되는 데 있어 가장 중요하게 기여했기 때문이다. 이 교재는 사도신경을 하이델베르크 교리문답, 웨스트민스터 교리문답 등을 가지고 부가 설명함으로써 정통 신앙의 핵심을 잘 드러내고 있다.

셋째, 이 교재는 사도신경의 핵심을 신학적으로 그리고 실천적으로 매우 잘 설명한다. 사도신경의 구성은 삼위일체적이면서도 그리스도 중심적이다. 이 교재는 그런 의도와 흐름을 잘 살리고 있다. 그리고 단지 지식적인 전달에 그치지 않고 목회적으로 적용하고자 애쓴다. 목사-신학자(pastor-theologian)의 모습을 추구하는 저자의 면모가 잘 드러난다.

사도신경은 어린 아이들도 쉽게 암송할 수 있을 정도로 단순하지만, 신학자가 그 내용을 풀어낼 때 가장 깊은 기독교의 진리를 설명할 수 있을 정도로 심오하다. 주기도문이 기도 중의 기도요, 십계명이 율법들 중에 최상의 율법이라면, 사도신경은 신조들 가운데 최고의 신조라고 할 수 있다. 사도신경의 진수를 배우고자 하는 모든 이들에게 이 책을 강력하게 추천한다.

"바른 신앙을 가지길 희망하는 이들에게 유익한 책"

이 상웅 박사(총신대학교 / 조직신학)

최근에 교리 즉, 우리가 무엇을 믿는가에 대한 관심이 고조되어온 것은 고무적이다. 감정적 체험이나 실천주의만으로는 신앙의 성숙이 이루어질 수 없기 때문이다. 교리를 공부함에 있어 교회가 공인한 여러 신앙고백

문서들을 참고하는 것이 안전한 길일진대, 예배시간마다 외우고 있는 사도신경의 내용을 정확하게 파악하는 것이 얼마나 중요한지는 두 말할 필요가 없다. 평소에 "생각하는 그리스도인"을 양성하기 위한 독서거리로 RE를 발행해온 이 운연 목사님의 사도신경 해설서는 간결하고, 명료하며, 핵심을 담고 있다. 바른 신앙을 가지기를 희망하고 공교회적 신앙의 내용을 확인하고 정립하려는 성도들에게 많은 유익을 끼칠 것이라고 생각한다. 조국의 많은 그리스도인들의 일독을 권하는 바이다.

//

"신자의 눈높이에 맞추어진 용어와 따뜻한 대화체 어법으로 풀어낸 책"

한 병수 박사(전주대학교 / 교회사)

이 책은 기독교 월간지 RE의 발행인 겸 편집자로 유명한 이 운연 목사님의 공부용 사도신경 해설서로, 중학생과 고등학생 및 기독교가 생소한 초신자의 눈높이에 맞추어진 용어와 따뜻한 대화체 어법을 사용하여 쉽게 읽혀지고 이해된다. 그리고 삼위일체 하나님을 사도신경 전체의 구조로 이해한 신학적 통찰이 특별하다.

//

"청소년들에게 교리를 가르칠 수 있는 최상의 교재"

이 남규 박사(합동신학대학원 / 교회사)

"피어나는 청소년들이 학교와 교회에서 기독교 교리를 아주 경솔하게

배우거나 전혀 가르침을 받지 못하고 있다."(하이델베르크 교리문답서(1563) 서문)

450년 전 이야기이다. 그런데도 마치 현재의 우리 상황을 말해주는 듯하다. 교리를 제대로 배우지 못하고, 그래서 이단에 잘 대처하지도 못하고 있다.

그러니 교회는 청소년들에게 사도신경을 가르칠 필요가 있다. 사도신경은 우리가 믿어야 할 내용의 요약이기 때문이다. 개혁시대의 모든 개혁자들은 사도신경을 즐겨 해설했다. 교리문답서에서 사도신경 해설이 담겨 있다. 왜 그랬을까? '옛 교리'이기 때문이다. 개혁교회는 새로운 교리를 창안하지 않는다. 선지자와 사도들을 통해서 주께서 가르치신 오래된 교리를 가르친다. 다음 세대의 자녀들에게도 마찬가지이다.

옛 교리라고 해서 박물관에 모셔둬서는 안 된다. 지금 우리의 교리이므로 가르쳐야 한다.

이 옛 교리, 즉 변하지 않는 진리를 성도들에게 잘 전달하기 위해서 이 운연 목사님이 펜을 들었다. 이 목사님은 개혁교회를 위한 강한 열정을 갖고 말씀을 전하고 전파하기 위해 갖은 수고를 아끼지 않는 분이다. 여기서 청소년들에게 성경 본문과 교리문답서를 따라 사도신경을 자상하고 알기 쉽게 설명한다. 이 교재를 갖고 따라가기만 해도 교리의 핵심적인 내용을 어려서부터 잘 정리할 수 있을 것이다. 이 교재와 함께 교회에서 하나님을 아는 지식이 풍성해져 그 안에서 여러 유익과 기쁨이 있기를 소망한다.

/

"사도신경을 성경적으로, 교리문답으로 정리해주기에 신뢰할 수 있는 책"

서자선 집사(광현교회)

매주 교회에서는 주일 예배 때마다 모든 성도들이 한 목소리로 사도신경을 암송하며 고백합니다. 이는 교회의 전통적인 약속이요, 모든 성도들의 공통된 신앙고백으로 대표된다고 봅니다.

그런데 우리가 고백하는 사도신경을 습관적으로 의미 없이 읊조리거나, 신조 안에 담고 있는 내용의 의미를 바로 알고 살아가려는 의지와 관심이 부족한 거 같습니다.

그런 의미에서 이 책은 우리가 믿는 신앙의 내용을 바르게 이해하고, 믿고 고백하는대로 살아가도록 돕는 역할을 톡톡히 감당해 줍니다. 무엇보다 어떤 성경적 근거에 의해서 말하는 것인지를 해설하고, 교리문답으로 정리해 주기 때문에 신뢰가 갑니다.

질의응답과 빈칸 채우기, 토의, 간추리기 등의 다양한 시도를 통해 흥미롭게 공부할 수 있도록 돕고 있어 더 좋습니다.

교회학교에서는 신앙의 기본, 사도신경의 내용을 반드시 부지런히 가르쳐서 믿음의 확신과 진실한 고백이 이루어지도록 했으면 하는 마음을 모아 이 책을 추천합니다.

Contents

사도신경

나는 전능하신 아버지 하나님, 천지의 창조주를 믿습니다
나는 그의 유일하신 아들, 우리 주 예수 그리스도를 믿습니다
그는 성령으로 잉태되어 동정녀 마리아에게서 나시고
본디오 빌라도에게 고난을 받아 십자가에 못 박혀 죽으시고,
장사된 지 사흘 만에 죽은 자 가운데서 다시 살아나셨으며,
하늘에 오르시어 전능하신 아버지 하나님 우편에 앉아 계시다가,
거기로부터 살아 있는 자와 죽은 자를 심판하러 오십니다
나는 성령을 믿으며 거룩한 공교회와 성도의 교제와
죄를 용서받는 것과 몸의 부활과 영생을 믿습니다

편의상 앞으로는 사도신경 번역은 고려신학대학원 교수회 번역본을 사용하겠습니다.

제1과

신앙고백을 꽉 잡읍시다

히브리서 4:14-16

들어가면서

▶ 사도신경은 성경에 나오지 않으니까 우리에게 의미가 없다는 말이 있습니다. 맞는 말일까요?

▶ 사도신경을 흔히들 '신앙고백'이라고 합니다. 그렇다면 '신앙 고백'이란 말은 성경에 있을까요?

▶ 사도신경은 정말 사도들이 만들었을까요? 사도들이 만들었다면 왜 신약성경에 한 번도 안 나올까요? 사도들 작품이 아니라면 우리는 이 신경을 버려야할까요?

1. 먼저 히브리서 4:14을 읽어 봅시다.

그러므로 우리에게 큰 대제사장이 계시니 승천하신 이, 곧 하나님의 아들 예수시라 우리가 '믿는 도리'를 굳게 잡을지어다.

'믿는 도리'는 '고백'을 뜻합니다. 다시 말하면, 우리의 신앙 고백입니다. 이 '도리'라는 말은 원래 '같은 말을 하다'는 뜻에서 나왔습니다. 그러니까 우리의 신앙 고백은 우리의 신앙을 '같은 말'로 고백해야 합니다. 그래서 사도신경 같은 고백문이 필요합니다.

이 '신앙 고백'을 굳게 잡으라고 주께서 명하셨습니다. 우리의 신앙을 같은 말로, 같이 고백해야만 우리와 다른 신앙, 즉 잘못된 신앙을 구별해 낼 수 있습니다. 구별하지 못하면, 잘못된 신앙을 가질 수도 있게 됩니다. 잘못된 신앙으로는 구원받을 수 없습니다. 그러니까 이 신앙 고백은 중요합니다.

2. 우리가 꽉, 굳게 잡아야 할 신앙고백은 바로 예수님에 관한 신앙 고백입니다. 14절이 보여주는 예수님은

(1) 큰 대제사장
(2) 승천하신 분, 즉 하늘에 올라가신 분
(3) 하나님의 아들 예수님입니다.

3. 이런 예수님에 관한 신앙 고백은 더 확대될 수 있습니다. 예수님께서 하나님의 아들이시니까 그러면 예수님의 아버지 하나님은 어떤 분이신가? 또 하늘에 올라 가셨다는 뜻은 무엇인가? 대제사장은 원래 뭐하는 분들이었는가? 그리고 예수님이 '큰 대제사장'이라고 하면 또 무슨 뜻이 담겨 있는가? 이런 질문들이 더해져서 확대된 신앙 고백이 바로 「사도신경」입니다.

신앙고백의 중요성

사도신경과 같은 신앙 고백이 왜 필요할까요? 오늘 본 성경은 왜

이 도리, 즉 신앙고백을 꽉 잡으라고 할까요?

1) 먼저, '함께 고백'함으로써 그릇된 신앙을 구별하게 해 줍니다. 교회는 '함께', 같은 신앙을 고백합니다. 이 고백에 동참할 수 없는 교회를 걸러내 줍니다. 물론 진심으로 고백하지 않으면서도 입으로만 외우고, 고백할 수 있습니다. 이 점도 조심해야 합니다.

2) 성경의 핵심을 파악할 수 있습니다. 신앙고백은 성경의 내용을 잘 요약하고 있습니다. 성경 전체의 내용은 워낙 방대하기 때문에 한꺼번에 다 배우거나 알 수 없습니다. 그러나 이 신앙고백들을 통해서 성경의 핵심과 줄거리를 파악할 수 있습니다. 그래서 신앙고백은 꼭 필요합니다.

자, 우리가 꽉 잡아야 할 신앙 고백에는 어떤 것이 있는지 알아봅시다.

신앙고백의 종류

1) 조금 전에 말한 「사도신경」이 있습니다. 이 사도신경을 앞으로 더 자세하게 살펴보겠습니다.

2) 「웨스트민스터 신앙고백」, 「웨스트민스터 대교리문답」, 「웨스트민스터 소교리문답」 등이 있습니다. 이 세 가지는 1647년 영국에서 만들어졌습니다. 그리고 이 세 가지 문서는 장로교회의 표준 신앙고백입니다. 우리 교회도 이 세 가지를 신앙의 표준이 되는 신앙고백으로 인정합니다. 그러니까 '웨스트민스터'라는 말을 떼고 불러도 상관이 없습니다. 장로교회는 스코틀랜드(지금은 영국의 일부)에서 시작되어 전 세계에 퍼져 있습니다.

3) 「하이델베르크 교리문답」이 있습니다. 이는 1563년 독일의 하

이델베르크라는 성에서 만들어졌습니다. 두 분의 신학자(우르시누스, 올레비아누스)가 작성한 듯합니다. 지금의 '개혁교회'라는 이름을 쓰는 대부분의 교회가 이 신앙고백문을 쓰고 있습니다. 개혁교회는 화란에서 시작되었으며, 미국, 캐나다, 호주 등에 있습니다.

사도신경은 어떻게 만들어졌을까?

사도신경은 원래 세례를 받을 때 하는 질문에서 시작되었습니다.

옛날, 사도 시대 이후부터 약 3, 4백년까지는 욕조 비슷한 데서 세례를 받았습니다. 이 욕조를 '세례조'라 불러도 좋을 거 같습니다. 이 시대에는 물에 푹 잠기는 세례를 받았습니다. 세례 받을 사람이 그 세례조에 서면 목사님이 물었습니다.

먼저, "전능하신 하나님 아버지를 믿습니까?"라고 물으면, 세례자는 "예, 믿습니다."라고 답합니다. 그러면 머리를 눌러 물에 푹 잠기게 합니다.

세례자가 다시 일어서면, 다음에는 "그분의 독생자, 주 예수 그리스도를 믿습니까?"라고 묻습니다. 역시 "예, 믿습니다."라고 답하고 또 물에 들어갔다 나오게 합니다.

마지막으로, "성령님을 믿습니까?"라고 묻고, 답하고 물에 잠그고 하는 과정을 다시 합니다.

이 세 가지 질문을 뼈대로 해서 점차 한 구절씩 추가 되었습니다. 그리고 나중에는 세례 받을 사람들을 교육시키기 위한 문서로 확대 되어서 오늘 우리가 고백하는 사도신경이 완성되었습니다.

왜 '나는 믿습니다'일까?

교회가 '함께' 하는 고백이라면 왜 "우리는 믿습니다"로 되어 있지 않을까요? 왜 개인의 고백으로 했을까요?

이 고백문이 세례 받을 때 하는 공개적인 고백에서 시작되었기 때문입니다. 세례에서는 여러 사람이 집단으로 받는 경우에도, 한 사람씩 고백하고 세례를 받기 때문입니다. 결코 이 사도신경이 개인주의적인, 교회의 중요성을 고려하지 않은 고백문이라서는 아닙니다. 신앙은 교회가 함께 하는 고백이지만, 각자의 신앙의 결단이 있어야만 한다는 사실을 이 '나는 믿습니다'라는 문구에서 배울 수 있습니다.

'사도신경'이라는 이름의 뜻

'사도' 신경이라는 이름이 붙었다고 해서 예수님의 제자들인 '사도'들이 직접 이 사도신경을 만들었다는 뜻은 아닙니다. 물론 그렇게 주장하는 분들이 있었지만, 사실과 다릅니다

'사도신경'은 사도들의 가르침을 그대로 잘 담고 있다는 뜻입니다. 사도들은 예수님의 말씀을 배워서 그대로 가르쳤고, 또 그 내용을 신약 성경에 기록했습니다. 그 가르침 위에 교회가 서게 되었습니다.

그러니까 사도신경은 예수님의 가르침을 담고 있다고 말할 수 있습니다.

✎ 정리하며 나가기

1. '믿는 도리', 즉 신앙고백이라는 말은 원래 무슨 뜻이었습니까?

2. 교회는 왜 '같은 말'로 신앙을 고백해야만 합니까? 두 가지로 정

리해 봅시다.

3. 사도신경은 사도들이 만들었습니까? 아니라면 「사도신경」이라는 이름은 왜 붙었습니까?

4. 신앙고백은 '같은 말로' 하는 고백이라면서 왜 '나는 믿습니다'로 되어 있습니까?

5. 사도신경은 원래 뭐 할 때 쓰이던 고백문입니까?

6. 나중에 이 사도신경은 무엇을 하기 위한 문서가 됩니까?

7. 지금은 어떻게 쓰이고 있습니까?

8. 지금 살펴본 이 히브리서 본문은 나중에 예수님의 승천 대목에서 다시 보게 될 중요한 구절이므로 여러 번 읽고, 가능하면 꼭 외워 두시기 바랍니다. 지금 한번 적어봅시다.

앞으로 사용할 고려신학대학원 교수회 번역본입니다.

  I. 성부 하나님
    1. 나는 전능하신 하나님 아버지, 천지의 창조주를 믿습니다.

  II. 성자 하나님
    2. 나는 그분의 독생자 우리 주 예수 그리스도를 믿으오니,
    3. 그는 성령으로 잉태하여 동정녀 마리아에게서 나셨고,
    4. 본디오 빌라도 치하에서 고난당하시고,
       십자가에 달리시고, 죽으시고, 장사되시고,
       음부에 내려가셨으며,
    5. 사흘 만에 죽은 자들로부터 부활하셨고,
    6. 하늘에 오르셨고,
       전능하신 하나님 아버지의 우편에 앉아 계시는데,
    7. 거기서 산 자들과 죽은 자들을 심판하러 오실 것입니다.

  III. 성령 하나님
    8. 나는 성령을 믿습니다.
    9. 나는 거룩한 공교회와 성도의 교제와
    10. 사죄와
    11. 육의 부활과
    12. 영생을 믿습니다.   -아멘-

I. 성부 하나님
   1. 나는 전능하신 하나님 아버지, 천지의 창조주를 믿습니다.

II. 성자 하나님
   2. 나는 그분의 독생자 우리 주 예수 그리스도를 믿으오니,
   3. 그는 성령으로 잉태하여 동정녀 마리아에게서 나셨고,
   4. 본디오 빌라도 치하에서 고난당하시고,
      십자가에 달리시고, 죽으시고, 장사되시고,
      음부에 내려가셨으며,
   5. 사흘 만에 죽은 자들로부터 부활하셨고,
   6. 하늘에 오르셨고,
      전능하신 하나님 아버지의 우편에 앉아 계시는데,
   7. 거기서 산 자들과 죽은 자들을 심판하러 오실 것입니다.

III. 성령 하나님
   8. 나는 성령을 믿습니다.
   9. 나는 거룩한 공교회와 성도의 교제와
   10. 사죄와
   11. 육의 부활과
   12. 영생을 믿습니다.   -아멘-

제2과

삼위 하나님

마태복음 28:19

들어가면서

▶ 사도신경이 3부로 나눠져 있습니다. 아셨는지요?

▶ 삼위일체, 들어보셨는지요?

▶ 들어는 봤는데, 꼭 그렇게 어렵게 믿을 필요가 없다고 생각하십니까?

▶ 성경에는 '삼위일체'라는 말이 없다던데? 그러면 삼위일체는 성경에 없는, 사람이 만든 이론 아닌가요? 그럴까요?

▶ 교회가 규정한 첫 이단은 삼위일체를 부인하는 이단이었습니다. 그런데 우린 몰라도 괜찮을까요?

사도신경은 삼위 하나님에 대한 신앙고백입니다. 내용을 3부로 나눠놓았기 때문에 바로 알아볼 수 있지요? 여기서 우선 알고 지나가야 할 사항 하나. 교회는 제3부, 성령 하나님 항에 들어있습니다. 이는 교회가 성령님께서 일하시는 일터임을 보여주고 있습니다. 성령께서 교회를 이끄시고 보호하십니다.

삼위 하나님이란 성부, 성자, 성령님을 말합니다. 즉 아버지 하나님, 아들 하나님(예수님), 그리고 성령 하나님입니다. 하나님은 삼위, 즉 세 분이지만, 그래도 하나님은 한 분이십니다. 결코 나눠질 수 없습니다.

왜 한 분이면서 동시에 세 분입니까?

이건 설명이 불가능합니다. 이 세상에는 그런 경우가 없기 때문입니다. 1+1+1=1, 이건 말이 안 됩니다. 하지만, 우리가 이해하지 못한다고 해서 없다고 할 수는 없습니다.

오늘 공부할 내용은 이 '삼위 하나님', 혹은 '삼위일체 하나님'입니다.

먼저 사도신경의 구성에 대해서 살펴보겠습니다. 이 부분에 대해서는 하이델베르크 교리문답에서 잘 보여주고 있으므로 그 '신앙고백'의 도움을 받아서 공부하겠습니다.

24문: 이 조항들은 어떻게 나누어집니까?

　답: 세 부분으로 나누어집니다.

　　첫째, 성부 하나님과 우리의 창조,

　　둘째, 성자 하나님과 우리의 구속(救贖),

　　셋째, 성신 하나님과 우리의 성화(聖化)에 관한

　　　　것입니다.

25문: 오직 한 분 하나님만 계시는데,

당신은 왜 삼위,

곧 성부.성자.성령을 말합니까?

답: 왜냐하면 하나님께서 자신을

그의 말씀에서 그렇게 계시하셨기 때문입니다.

곧 이 구별된 삼위는

한 분이시요 참되고 영원하신 하나님이십니다.

삼위일체 하나님? 이런 어려운 거 우리가 알아야 돼요? 그냥 예수님 믿으면 되는 거 아닌가요?

질문에 답부터 하자면, 안 됩니다. 그냥 대충 예수 믿으면 잘못 믿게 될 가능성이 있습니다. 아울러, 정확히 모르면 이단들에게 속기 쉽고, 잘못된 가르침에 휘둘릴 수 있기 때문입니다. 그러므로 삼위 하나님에 대해서 제대로 배워보기로 합시다.

1. 하나님은 한 분이십니다.

하나님은 몇 분이십니까? 25문답의 질문에 그 답이 있습니다. 하나님은 한 분이십니다. 그리고 성경도 이렇게 말합니다.

이스라엘아 들으라. 우리 하나님 여호와는 오직 유일한 여호와이시니 (신명기 6:4)

예전에 쓰던 성경,『개역』성경에는 이렇게 되어 있습니다.

이스라엘아, 들으라! 우리 하나님 여호와는

2. 하나님은 성부, 성자, 성령이 계십니다.

그런데 왜 교회는 성부, 성자, 성령님을 말하고 있습니까? 앞의 25문답은 "하나님께서 친히 그렇게 계시하셨기 때문"이라고 말합니다. '계시'는 '보여주다'는 뜻입니다. 성경은 하나님은 한 분이시지만 성부, 성자, 성령님이 계시다고 말합니다.

"에이, 어떻게 1+1+1＝1이 될 수 있습니까?"

우리가 이해하기는 어렵지만, 성경은 분명히 그렇게 선언하고 있습니다. 우리가 이해하지 못한다고 해서, 하나님이 그런 하나님이 아니라고 할 수는 없습니다. 삼위일체 교리는 땅 위에 있는 어떤 것으로, 어떤 일로도 비교해서 설명이 불가능합니다. 사람을 비롯한 하나님의 창조 세계 안에는 그런 경우가 없습니다.

그렇다고 해서 그런 하나님은 없다, 라고 단정할 수는 없습니다. 하나님을 우리의 지성 안에 가둬두려는 잘못된 노력입니다. 사람들이 옷을 사 입는 데 이렇게 많은 돈을 들이고, 신경을 쓰는지, 개가 이해할 수 있을까요? 마찬가지입니다. 적절한 예인지는 모르겠습니다만, 우리도 하나님을 다 이해할 수는 없습니다.

그러므로 우리는 이렇게 말해야 합니다.

"하나님이 어떤 분이신지는 하나님의 말씀에 계시된 대로 이해해야 한다!"

3. 삼위 하나님에 대한 오해

1+1+1=1, 이 어림도 없는 등식을 풀려고 고민하지 맙시다. 그런 식으로는 하나님을 이해할 수 없습니다. '삼위일체'를 사람의 방식으로 풀려는 수많은 시도들을 교회는 다 '이단'으로 규명했습니다. 몇 가지 예를 들어보겠습니다.

(1) '영화배우론' = 양태론

"한 배우가 여러 가지 드라마에 등장하는 다른 역할을 하는 경우가 있습니다. 어떤 드라마에서는 멋있는 형사 역을, 어떤 드라마에서는 깡패 역할을, 또 다른 드라마에서는 대학 교수님을 역을 맡아 연기합니다. 하지만 다 같은 사람입니다. 하나님도 마찬가지로, 하나님 아버지의 모습으로도 나오고, 이 땅에 예수님으로도 오셨습니다." 이런 설명.

"한 남자가, 가정에서 남편이기도 하고, 아빠이기도 하고, 또 그 부모님의 아들이기도 하듯이, 하나님도 그 모습을 다르게 나타내기도 한다." 이 역시 같은 맥락입니다. 하나님은 한 분이신데, 다른 모습으로 나타나셨다, 이 말입니다.

우리가 '영화배우론'으로 이름 붙인 이 이단을 신학용어로 '양태론'이라고 합니다.

(2) '서열론'= 종속설

삼위 하나님 간에 서열이 있다고 보는 견해입니다. 아버지 하나님이 제일 높고, 예수님이 그 다음이고, 그리고 성령님, 이런 순서로 역할을 하신다는 주장입니다.

신학적으로 '종속설'이라는 이 주장을 따르면 하나님이 그리스 신화의 신들 수준이 되고 맙니다. 제우스 신 아래에 무슨 신 무슨 신... 신들끼리 싸움도 하지요. 이런 모습도 성경이 보여주는 하나님과는 거리가 멉니다.

하지만 이런 오해들은 교회 안에 지금도 조금씩 남아 있어서, 꿈틀거리고 있습니다. 주의하지 않으면 안 됩니다.

바른 삼위일체는 이렇습니다. 장로교 신앙의 표준인 웨스트민스터 소교리문답 제6문답입니다.

6문: 신격(하나님)에는 몇 위가 계십니까?
답: 신격에는 삼위가 계시며, 성부와 성자와 성령이십니다.
     이 삼위는 한 하나님이시고 본질이 같으시며
     능력과 영광에 있어서 동등하십니다.

설명하자면, 하나님은 한 분이신데, 성부 하나님, 예수님, 성령님이 계시며 그 세 분은 차등이 없다는 뜻입니다.

4. 우리가 받은 세례에 들어있는 삼위일체 교리

예수님께서 십자가와 부활을 거쳐서 승천하실 때, 제자들에게 세례를 명하셨습니다. '대위임령'이라고 부르는 마태복음 28:19에 잘 나와 있습니다.

그러므로 너희는 가서 모든 민족을 제자로 삼아 아버지와 아들과 성령의 이름으로 세례를 베풀고 여기에 무슨 삼위일체가 나오죠? 아버지(하나님), 아들(예수님), 그리고 성령님이 나란히 나오긴 하지만 한 하나님이라는 말은 없잖아요?

영어를 처음 배울 때, 단수-복수를 구분하는 문제를 골머리를 앓아본 사람이면 영어 성경을 읽어보면 쉽게 와 닿습니다.

Go therefore and make disciples of all nations, baptizing them in the name of the Father and of the Son and of the Holy Spirit,

'name'이 단수입니다. 성부, 성자, 성령님의 이름, 그러면 세 분의 이름이니까 복수여야 할 거 같은데, 분명하게 단수입니다. 한 '이름'입니다. '삼위'가 계시지만, 결코 '세 하나님'이 아닌 '한 분 하나님'이십니다. 이 예수님의 말씀을 들은 주님의 제자들은 삼위일체를 이해했고, 삼위 하나님의 이름으로 받는 세례도 이해했음을 알 수 있습니다.

이렇게 마무리 해볼까요?

"예수 믿어서 세례 받은 사람은 이미 하나님을 삼위 하나님으로 이해하기 시작했다." 사도신경

✎ 정리하며 나가기

1. 사도신경은 3부로 나눌 수 있습니다. 어떻게 나눠지나요?

2. 하나님은 몇 분이십니까? 신명기 6:4을 봅시다.

이스라엘아 들으라. 우리 하나님 여호와는 오직 _____ 여호

와이시니 (신명기 6:4)

3. 하나님이 한 분이시라면, 하나님, 예수님, 성령님, 왜 세 분이 계시
   죠? 하이델베르크 25문답이 말하는 대로 정리해봅시다.

   답: 왜냐하면 ＿＿＿＿＿ 께서 자신을
        그의 ＿＿＿＿＿ 에서 그렇게 계시하셨기 때문입니다.
        곧 이 구별된 삼위는
        한 분이시요 참되고 영원하신 하나님이십니다.

4. 1+1+1=1, 삼위일체를 이런 식으로 설명하는 오류를 우리는 '영화
   배우론', '서열론'이라 부르기로 했습니다. 이 중 서열론은 웨스트민스
   터 소교리문답 6문답이 잘 반박하고 있습니다.

   6문: 신격(하나님)에는 몇 위가 계십니까?
   답: 신격에는 삼위가 계시며,
         성부와 성자와 성령이십니다.
         이 삼위는 한 하나님이시고 본질이 같으시며
         능력과 영광에 있어서 ＿＿＿＿＿ 하십니다.

5. 성부, 성자, 성령, 세 분이 한 하나님이심을 보여주는 중요한 성경
   구절은 우리가 받은 세례와 관련이 있습니다. 우리는 성부와 성자
   와 성령의 이름으로 세례를 받습니다. 세 분을 언급하지만 '한 이
   름'으로 세례를 받습니다. 마태복음 28:19을 다시 보겠습니다.

그러므로 너희는 가서 모든 민족을 제자로 삼아

_____와 _____과 _____의 이름으로

세례를 베풀고

I. 성부 하나님
☞ 1. 나는 전능하신 하나님 아버지, 천지의 창조주를 믿습니다.

II. 성자 하나님
   2. 나는 그분의 독생자 우리 주 예수 그리스도를 믿으오니,
   3. 그는 성령으로 잉태하여 동정녀 마리아에게서 나셨고,
   4. 본디오 빌라도 치하에서 고난당하시고,
      십자가에 달리시고, 죽으시고, 장사되시고,
      음부에 내려가셨으며,
   5. 사흘 만에 죽은 자들로부터 부활하셨고,
   6. 하늘에 오르셨고,
      전능하신 하나님 아버지의 우편에 앉아 계시는데,
   7. 거기서 산 자들과 죽은 자들을 심판하러 오실 것입니다.

III. 성령 하나님
   8. 나는 성령을 믿습니다.
   9. 나는 거룩한 공교회와 성도의 교제와
   10. 사죄와
   11. 육의 부활과
   12. 영생을 믿습니다.   -아멘-

제3과
전능하신 하나님, 우리 아버지

요한복음 1:12

들어가면서

▶ 먼저 2과에서 살펴본 내용을 되짚어 봅시다.

▶ 하나님이 우리의 '아버지'시라고 사도신경은 고백합니다. 어떤 의미일까요? 그 사실이 여러분의 마음을 따뜻하게 합니까?

1. 아버지

사도신경은 하나님이 '내 아버지'시라고 선언합니다. 천지의 창조주시라는 사실도 뒤로 미루고 하나님이, 전능하신 하나님이 아버지시라고 선언합니다.

예수님은 제자들에게 기도를 가르치시면서, 하늘의 하나님을 '아버지'로 믿고 기도하라고 하셨습니다. 이것이 신앙의 핵심이며, 삼위일체 교리의 중심이기도 합니다.

능력이 많으신 하나님이 우리 아버지시라면 좋기는 하겠는데, 그분이 어떻게 '우리 아빠'가 되실까요?

2. 예수님의 아버지, 우리 아버지

하나님께서 우리의 아버지가 되어주시는 일은 예수님 덕분입니다. 하나님은 예수님의 아버지이시기 때문에 그 예수님을 통해서만, 우리의 아버지가 되십니다.

요한복음 1:12을 보면 알 수 있습니다.

영접하는 자 곧 그 이름을 믿는 자들에게는 하나님의 자녀가 되는 권세를 주셨으니....

예수님을 받아들이는 사람들, 예수님을 믿는 사람은 다 하나님의 자녀가 됩니다. 다시 말하면, 하나님이 그 사람의 아버지가 되어주십니다. 우리가 예수님 안에 있기 때문에 그 예수님의 아버지가 우리의 아버지가 되십니다.

그래서 성경은 하나님을 '예수님의 아버지'로 표현하기도 합니다. 에베소서 1:3을 보겠습니다.

찬송하리로다! 하나님 곧 우리 주 예수 그리스도의 아버지께서 그리스도 안에서 하늘에 속한 모든 신령한 복을 우리에게 주시되

언제 예수님 안으로 들어가는가?

예수님 안에 있으면 그분의 아버지 하나님이 '내 아버지'가 되십니다. 그럼 우리는 언제 예수님 안에 들어갑니까? 앞에서 본대로, 예수님을 믿는 순간입니다. 하지만, 이를 분명한 그림으로 보여주는 장면은 바로 '세례'입니다. 세례를 받음으로써 예수님 안에 완전히 들

어갑니다.

로마서 6:3을 봅시다.

"무릇 그리스도 예수와 합하여 세례를 받은 우리는..."
all of us who have been baptized into Christ Jesus

이 말은 다르게 설명하면, "그리스도 예수 안으로 들어가는 세례를 받은 우리"입니다. 세례를 받을 때 우리는 예수님 안에 들어갑니다. 그래서 예수님의 아버지가 우리 아버지가 되십니다.

물론 세례 받기 전에도 예수님 안에 들어가 있을 수도 있습니다. 하지만 예수님 안에 들어갔음을 교회 앞에서 확실하게, 공개적으로 고백하는 예식이 바로 세례입니다. 그러므로 세례를 의도적으로 거부한다면, 그는 예수님 안으로 들어간 사람인지 의심해야 합니다.

3. 전능하신 하나님

천지를 창조하시고, 또한 지금도 다스리시는 하나님

예수님 때문에, 예수님을 봐서 우리의 아버지가 되어 주시는 하나님은 전능(全能)하십니다. 무엇이든지 할 수 있는 분입니다. 그분은 말씀만으로 천지 만물을 창조하실 수 있었습니다. 그리고 그 천지만물을 지금도 당신께서 원하시는 대로 운행하시고, 다스리십니다. 될대로 되라, 알아서 살아가라, 그렇게 내버려두지 않으십니다.

그렇다면 우리는 생각해 봐야 합니다. 하나님께서 당신의 자녀들을 지킬 힘이 없을까요? 부모는 자식을 완전히 지켜내기가 어렵습니다. 하지만 하나님은 언제라도 지켜내실 수 있습니다.

하나님은 우리 아버지이십니다. 그러니 당연히 우리를 사랑하십니다. 그리고 하나님은 능력도 모자라지 않습니다. 그러니 우리를 보호하십니다. 먹이고 입혀주십니다.

4. 주기도문 시작과 같은 내용, '아버지'

"나는 전능하신 하나님 아버지, 천지의 창조주를 믿습니다." 그렇기 때문에 우리는 주님께서 가르쳐 주신 대로 기도할 용기를 얻습니다. "하늘에 계신 우리 아버지!"

인간과 달리 하늘에 계신, 높으신 하나님, 전능하신 하나님, 그런 하나님이 우리 아빠시기에 그분께 기도드립니다.

교리문답으로 정리하기

오늘 본 성경 구절들과 하이델베르크 교리문답으로 배운 내용을 정리해볼까요? 이 문답은 오늘 배운 조항을 아주 잘 정리해주고 있습니다. 좀 길지만 찬찬히 살펴봅시다.

26문: "나는 전능하신 하나님 아버지,
　　　천지의 창조주를 믿습니다."라고 고백할 때
　　　당신은 무엇을 믿습니까?

답: 우리 주 예수 그리스도의 영원하신 아버지께서
　　아무것도 없는 중에서
　　하늘과 땅과 그 가운데 있는 모든 것을

창조하셨고,

또한 그의 영원한 작정과 섭리로써

이 모든 것을

여전히 보존하고 다스리심을 믿으며,

이 하나님께서

그의 아들 그리스도 때문에

나의 하나님과 나의 아버지가 되심을

나는 믿습니다.

그분을 전적으로 신뢰하기에

그가 나의 몸과 영혼에 필요한 모든 것을

채워 주시며,

이 눈물 골짜기 같은 세상에서 당하게 하시는

어떠한 악도

합력하여 선을 이루게 하실 것을

나는 조금도 의심치 않습니다.

그는 전능하신 하나님이기에 그리하실 수 있고,

신실하신 아버지이기에 그리하기를 원하십니다.

나는 전능하신 하나님 아버지, 천지의 창조주를 믿습니다.

이 고백 앞에서 많은 질문이 필요하지 않습니다. 이 고백을 믿습니까? 예수님 안에서, 예수님 덕분에 하나님이 여러분의 아버지이십니까? 아버지이시니까 당연히 자식을 사랑하십니다. 아버지의 사랑을 믿으십니까?

또한 그분은 전능하십니다. 친히 창조하신 이 세계를 지금도 다스리십니다. 그런 분이 우리 아버지이십니다. 그러니 우리가 아버지의 자녀답게 산다면 긴장하거나 불안해 할 이유가 없습니다.

전능하신 하나님을 '아버지'로 믿으십니까? [사도신경]

✎ 정리하며 나가기

1. 하나님은 천지를 창조하셨고, 지금도 다스리십니다. 하나님께서 창조하실 때, 재료를 쓰셨습니까?

2. 우리는 어떻게 하나님의 자녀가 될 수 있습니까? 요한복음 1:12에 그 길이 잘 나와 있습니다.

   영접하는 자 곧 그 이름을 _____ 자들에게는
   하나님의 _____ 가 되는 권세를 주셨으니....

3. 하나님의 아드님 그리스도 때문에 하나님께서 우리의 아버지가 되십니다. 우리가 예수님을 믿고 예수님 안에 들어갔기 때문입니다. 이 점을 잘 보여주는 그림이 바로 _____ 라는 예식입니다.

4. 우리 아버지는 전능하시기 때문에 우리에게 필요한 모든 것을 주시며, 또한 어려울 때도 지켜주십니다. 하이델베르크 교리문답은 하나님의 자녀들이 이 세상에서 순탄하게 살지만은 않는다는 사실을 말하기 위해서 세상을 이렇게 표현했죠.

   "이 _____ _____ 같은 세상"

I. 성부 하나님
   1. 나는 전능하신 하나님 아버지, 천지의 창조주를 믿습니다.

II. 성자 하나님
☞ 2. 나는 그분의 독생자 우리 주 예수 그리스도를 믿으오니,
   3. 그는 성령으로 잉태하여 동정녀 마리아에게서 나셨고,
   4. 본디오 빌라도 치하에서 고난당하시고,
      십자가에 달리시고, 죽으시고, 장사되시고,
      음부에 내려가셨으며,
   5. 사흘 만에 죽은 자들로부터 부활하셨고,
   6. 하늘에 오르셨고,
      전능하신 하나님 아버지의 우편에 앉아 계시는데,
   7. 거기서 산 자들과 죽은 자들을 심판하러 오실 것입니다.

III. 성령 하나님
   8. 나는 성령을 믿습니다.
   9. 나는 거룩한 공교회와 성도의 교제와
   10. 사죄와
   11. 육의 부활과
   12. 영생을 믿습니다.   -아멘-

제4과

예수 그리스도

– 구주, 그리고 선지자이신 예수님

마태복음 1:21

들어가면서

▶ 예수, 이 세상 누구나 다 아는 이름입니다. 교인이 아니어도 그렇습니다. 그런데, 그 귀한 이름 예수, 뜻은 아십니까?

▶ 내친김에 '그리스도'도 생각해봅시다. '기독교'는 그리스도교의 중국식 표기에서 왔습니다. 교인들을 '그리스도인'이라고 부릅니다. 이렇게 기독교의 핵심 단어인 '그리스도'는 또 무슨 뜻일까요?

1. 예수

먼저, '예수'라는 이름의 뜻이 무엇인지부터 공부해 봅시다.

예수는 구약 성경에 나오는 '여호수아'라는 이름의 헬라어(그리스어) 식 이름입니다. 그 뜻은 '여호와께서 구원하신다'입니다.

예수님께서 이 땅에 오셨을 때, 정확히 말하면 하나님께서 세상에 태어나게 하셨을 때, 천사를 보내 그 이름을 '예수'로 정해주셨습니다. 왜 그 이름을 주셨을까요? 그분의 이름 뜻 때문이었습니다.

"여호와께서 이 아드님을 통해서 당신의 백성을 구원하신다"라는 약속입니다. 혹은 "여호와이신 예수님께서 당신의 백성을 구원하실 것이다"라는 약속입니다.

마태복음 1:21을 볼까요?

아들을 낳으리니 이름을 예수라 하라 이는 그가 자기 백성을 그들의 죄에서 구원할 자이심이라 하니라.

'구원'이란 원래는 '목숨이 위태로운 상태에서 건져줌, 살려줌'이란 뜻입니다. '구조'와 같은 뜻입니다. 그러니까 예수님은 당신의 백성들을 '죄'라는 죽을 병에서 건져내 주시는 분이십니다. 그 이름에 이미 그분의 역할이 담겨 있습니다.

사도신경은 이 '죄'와 '구원'에 대해서는 별도의 항목에서 취급하지는 않지만, 주님의 이름 '예수'에서 그 의를 잘 담고 있습니다. 모든 사람은 구조(구원) 받아야만 하는 죄인입니다.

이제 하이델베르크 교리문답을 보겠습니다.

29문: 왜 하나님의 아들을 예수,
      곧 구주(救主)라 부릅니까?

답: 그가 우리를
      우리 죄에서 구원하시기 때문이고,
    또 그분 외에는 어디에서도
      구원을 찾아서도 안 되며
    발견할 수도 없기 때문입니다.

30문: 그렇다면 자신의 구원과 복을
　　　소위 성인(聖人)*에게서,
　　　혹은 자기 자신이나
　　　다른 데서 찾는 사람들도
　　　유일한 구주이신 예수를 믿는 것입니까?

답: 아닙니다. 그들은 유일한 구주이신 예수를
　　　말로는 자랑하지만
　　　행위로는 부인합니다.
　　예수가 완전한 구주가 아니든지,
　　아니면 참된 믿음으로 이 구주를 영접한 자들이
　　　그들의 구원에 필요한 모든 것을
　　　그에게서 찾든지,
　　둘 중의 하나만 사실입니다.

(1) 29문답은 '예수'님 이름 뜻을 딱 한 마디로 '구주'라고 정리합니다. 자, 확실하게 마음에 새겨둡시다. 예수님의 이름 뜻은 '구주'입니다. '구원해주시는 분, 구원자'라는 뜻입니다.

(2) 예수님만 우리의 구주시라면 우리의 구원을 다른 데, 다른 사람들에게서 찾으면 될까요, 안 될까요? 교리문답은 '아닙니다'라고 단호하게 선을 긋고 시작합니다. 어느 정도로 안 된다고 하느냐 하면, "절대로 안 돼!"입니다. 예수님 아닌 다른 데서 구원의 힘을 찾는 사람은 '예수 안 믿는 사람', '믿음 없는 사람'입니다. 정말 매정할 정도로 말합니다.

*여기서 '성인(聖人)'이란 말 그대로 거룩하게 살았던 사람인데, 천주교가 공식적으로 '성인'이라고 인정한 분들을 말합니다. 이 분들은 거룩하게 살았기 때문에 자기들이 구원을 받고도 남은 점수가 있어서 남들이 구원받는데 도움을 줄 수 있다고 천주교는 가르칩니다. 이런 태도가 예수님을 구주로 인정하는 태도라 할 수 있을까요?

성인들 중에는 우리가 아는 예수님의 제자들, 바울 사도 같은 분들이 다 포함되어 있습니다. 최근에는 테레사 수녀가 성인의 반열에 들어갔습니다. 한국인도 103명이나 포함되어 있습니다.

2. 그리스도

그리스도는 '기름부음을 받은 자'(시편 2:2)란 뜻입니다.

구약에서 머리에 기름을 붓는 예식이 있습니다. 이런 예식은 왕이나 제사장을 세울 때 합니다. 즉, 왕이 즉위할 때, 기름을 머리에 붓습니다. 대제사장이 취임할 때 그렇게 했습니다. 때로는 선지자를 세울 때도 그랬습니다. 그러므로 기름 부음을 받으면 왕이나 제사장이 됩니다.

예수님을 '그리스도'라 칭한 이유는 예수님께서 우리를 다스리는 왕이 되시며, 제사장이 되시며, 또한 선지자가 되시기 때문입니다.

다시 하이델베르크 교리문답을 보겠습니다.

> 31문: 그분을 왜 그리스도,
> 곧 기름 부음을 받은 자라 부릅니까?
>
> 답: 왜냐하면 그분은
> 성부 하나님으로부터 임명을 받고
> 성령으로 기름 부음을 받으셨기 때문입니다.
> 그분은 우리의 큰 선지자와 선생으로서

우리의 구원을 위한 하나님의 감추인 경영과 뜻을
온전히 계시하시고,
우리의 유일한 대제사장으로서
그의 몸을 단번에 제물로 드려
우리를 구속(救贖)하셨고,
성부 앞에서 우리를 위해 항상 간구하시며,
또한 우리의 영원한 왕으로서
그의 말씀과 성령으로 우리를 다스리시고,
우리를 위해 획득하신 구원을 누리도록
우리를 보호하고 보존하십니다.

(1) 누가 예수님을 그리스도로 임명했습니까? 바로 성부 하나님이십니다.

(2) 그분은 구약의 왕들이나 제사장들하고 달리 특별한 기름 부음을 받으셨습니다. 31문답은 무엇으로 기름 부음을 받으셨다고 말합니까? 바로 '성령'의 기름입니다. 머리에 기름을 부어서 아래로 흘러내리게 하듯이, 예수님께도 하나님께서 성령님을 하늘에서부터 내려 보내셨습니다.

(3) 그러면 예수님은 그 기름 부음을 언제 받으셨을까요? 예수님께서 세례 받으실 때였습니다.

마태복음 3:16-17을 보겠습니다.

예수께서 세례를 받으시고 곧 물에서 올라오실새 하늘이 열리고 하나님의 성령이 비둘기 같이 내려 자기 위에 임하심을 보시더니 하늘로부터 소리가 있어 말씀하시되 이는 내 사랑하는 아들이요 내 기뻐하는 자라 하시니라.

이 장면이 바로 하나님께서 예수님께 성령의 기름을 부어주신 일이라고 사도행전 10장은 잘 말해주고 있습니다.

하나님이 나사렛 예수에게 성령과 능력을 기름 붓듯 하셨으매 그가 두루 다니시며 선한 일을 행하시고 마귀에게 눌린 모든 사람을 고치셨으니 이는 하나님이 함께 하셨음이라.(38절)

(4) 예수님은 선지자이시며 선생이십니다. 그분은 말씀과 행동으로 우리에게 하나님의 뜻을 다 '계시'하셨습니다.
예수님은 말씀으로 하나님 아버지의 뜻을 보여주셨습니다.
– 먼저, 예수님은 하나님을 '아버지'로 불러서 기도하라고 가르쳐주셨습니다.
– 형제를 사랑하라는 말씀도 하셨습니다.
– 죄를 짓지 말라고, 그건 아버지께서 싫어하신다고 가르쳐주셨습니다.
행동으로도 아버지의 뜻을 보여주셨습니다.
– 예수님은 사람들에게 조롱받는 가난하고 약한 사람들과 함께 지내심으로써 하나님께서 그들을 사랑하심을 보여주셨습니다.
뭣보다 십자가에 달려 죽으심으로써,
1) 하나님은 죄를 미워하신다는 사실과
2) 하나님께서 당신의 백성들을 사랑하심을,

3) 친아들을 대신 죽게 하면서까지 우리를 용서하시기를 즐거워 하신다는 사실을 보여주셨습니다.

웨스트민스터 소교리문답은 이 선지자 직을 수행하실 때 사용하는 방편을 잘 보여줍니다. 이는 특히 예수님이 하늘에 오르신 후에 일하시는 방법입니다.

문 24. 그리스도는 선지자 직을 어떻게 수행하십니까?

답. 그리스도는 우리를 구원하시기 위한
      하나님의 뜻을
      그의 <u>말씀과 성령으로</u>
      우리에게 나타내심으로 선지자직을 수행하십니다.

말씀, 즉 설교는 그리스도의 뜻을 교회에 전하는 수단입니다. 그리고 그 설교는 성령님의 인도를 받아야 합니다. 그럴 때 교회는 정상적으로 '그리스도의 설교'를 듣게 됩니다.

(5) "예수는 그리스도", 이 귀한 고백!
예수 그리스도! 예수는 그리스도다.

너무 당연한 말입니다. 예수님과 그리스도는 마치 같은 뜻이기라도 한 듯이 쉽게 생각합니다. 하지만, '예수', 다음에, 스페이스 바 한번 밀어서 '그리스도'라고 쓸 수 있기까지 얼마나 많은 박해가 있었는지 생각해 보셨습니까? 이 박해는 유대인들이 했습니다. 그들은 예수님을 자기들이 기다리는 메시아(그리스도)라고 믿지를 않았기 때문입니다. 지금도 그들은 그들의 메시아를 기다리고 있습니다

사도 바울이 처음 예수님을 믿어 아직은 주로 '사울'이라는 이름을 쓸 때의 일입니다. 사도행전 9장을 보겠습니다.

사울은 힘을 더 얻어 예수를 그리스도라 증언하여 다메섹에 사는 유대인들을 당혹하게 하니라. 여러 날이 지나매 유대인들이 사울 죽이기를 공모하더니(22-23절)

결국 사울은 밤중에 바구니에 몸을 싣고, 밧줄에 의지해서 그 성을 탈출해야 했습니다. 사울은 이렇게 일평생 유대인들에게 박해를 받아 늘 목숨이 위태로웠습니다.

예수 그리스도! 이 고백이 얼마나 귀한지를 생각해보고 서로 말해봅시다. [사도신경]

✏️ 정리하며 나가기

1. '예수'님의 이름 뜻이 뭡니까? _____
   간단하게 한 단어로 줄이면 뭐죠? _____

2. '구원'이 원래는 무슨 뜻이었습니까? _____
   그 말을 예수님께 적용하면 어떤 의미를 가집니까?
   _____

3. 예수님 이외의 다른 사람에게서 구원과 복을 찾으려 하면, 사실상
   예수님을 부인하는 셈입니다. 그러면 천주교의 마리아 숭배는 어
   떻게 될까요?

4. 사실 천주교의 이런 마리아 숭배나 성인 숭배의 모순은 쉽게 답을 할 수 있습니다. 가장 어려운 부분은 자기 자신입니다. '내가' 다른 사람보다 주님께 복과 은혜를 받을 만한 '선(善)'이 조금은 있다고 믿고 있지는 않습니까? '그래도 내가 저 인간보다야…' 라는 생각, 정말 없습니까?

5. '그리스도'는 기름 부음 받은 사람이란 뜻입니다. 왕이나 대제사장을 세울 때, 머리에 기름을 붓습니다. 예수님을 '그리스도'라고 부르는 이유는 그분께서 우리의 왕이시며, 대제사장이시며, 선지자이시라는 뜻입니다.

(1) 예수님께 기름을 부어 왕으로 세우신 분은 누구입니까?

(2) 예수님에게는 어떤 기름을 부으셨습니까? 사도행전 10:33과 하이델베르크 교리문답 31문답으로 답을 해 볼까요?

_____

(3) 그러면 그 '기름 부음'은 언제 있었습니까?

6. 예수님은 그리스도이십니다. '그리스도'는 하나님의 뜻을 전하는 선지자라는 뜻이기도 합니다. 그분은 어떻게 하나님의 뜻을 보여주셨습니까? 두 가지입니다.

(1) _____으로

(2) _____으로

(3) 특별히 십자가는 하나님의 뜻을 너무 잘 나타내 보여주고 있습니다. 그 두 가지를 말해봅시다.
   1) 하나님은 _____를 미워하신다는 사실과

   2) 하나님은 당신의 백성들을 _____ 하심을, 친아들을 대신 죽게 하면서까지 우리를 _____ 하시기를 즐거워하신다는 사실

7. 그리스도께서 하늘에서 지상의 교회에 당신의 뜻을, 설교를 전하는 수단은 무엇입니까?
   _____과 _____

   그리스도의 뜻을 교회가 바로 알고 따르게 하는데 설교가 얼마나 중요한 역할을 하는지 말해 봅시다.

8. 예수 그리스도. 이 두 단어가 스페이스 바 한 칸 띄움으로만 연결되기까지 얼마나 많은 박해가 있었는지 말해봅시다.

사도신경은 누가 작성했을까?

사도신경이라는 이름은 '사도들의 신경'이란 뜻입니다. 혹은 '사도들이 만든 신경'이 될 수도 있습니다. 그렇다면 정말 사도신경은 사도들, 예수님의 제자들이 직접 만들었을까요?

5세기 초 루피누스(Rufinus)라는 사람의 책에 이런 기록이 있습니다. 주님께서 승천하시고 10일 후, 오순절에 성령께서 강림하셨습니다. 그 때 사도들이 한 구절씩 말합니다. 베드로, 안드레, 야고보... 재미있는 점은 사도 도마가 그리스도의 부활을 고백합니다. 부활을 의심했던 그의 체면을 살려주고 있습니다. 제일 나중에 사도로 뽑힌 맛디아까지 한 구절씩 고백해서 12구절로 완성됩니다. 이 책에 실린 사도신경 번역본의 그 12구절을 따르고 있습니다.

그렇다면 오순절, 성령 강림과 함께 만들어진 이 신앙고백이 왜 성경에 기록되지 않았을까요? 신약성경 군데군데 짤막짤막한 신앙고백들이 담겨 있습니다. 하지만 사도신경 같은 완성된 고백서는 없습니다. 만약 성령강림과 함께 고백서가 작성되었다면, 성경에 기록하지 않을 이유가 없습니다. 그러므로 이 견해는 설득력이 떨어집니다.

이 견해는 15세기에 이르러 깨집니다. 지금은 천주교, 기독교 어느 쪽도 사도신경을 사도들이 작성했다고 믿지 않습니다. 아마도 사도신경의 중요성을 강조하고 싶어하는 분들의 "경건한 거짓말"이었던 거 같습니다.

사도신경이 '사도들'의 작품이 아니라면, 왜 아직도 '사도신경'이라 부를까요? 그리고 왜 우리가 예배 시간마다 암송해야하죠? 사도신경은 '우상숭배'라고까지 주장하는 분들도 있던데?

사도신경이 사도들이 작성한 신앙고백은 아니라하더라도 사도들의 가르침을 잘 담고 있습니다. 그래서 굳이 '사도'라는 칭호를 떼지 않습니다. 사도신경이 천주교의 우상숭배 행태를 담고 있다는 주장도 있습니다만, 너무 터무니없어서 여기에 옮기지는 않겠습니다.

천주교의 문제점을 가장 잘 파악하고 있었던 종교개혁자들도 이 사도신경을 우리의 신앙의 핵심으로 생각했습니다. 그래서 사도신경 해설서를 쓰기도 하고 교리문답에 사도신경의 내용을 포함시켜 가르쳤습니다. 이런 역사적인 사실을 외면하고 무조건 '천주교의 오류'라느니, 심지어 우상숭배 운운하는 건 좀 거북해 보입니다. [사도신경]

Ⅰ. 성부 하나님
　　1. 나는 전능하신 하나님 아버지, 천지의 창조주를 믿습니다.

Ⅱ. 성자 하나님
☞ 2. 나는 그분의 독생자 우리 주 예수 그리스도를 믿으오니,
　　3. 그는 성령으로 잉태하여 동정녀 마리아에게서 나셨고,
　　4. 본디오 빌라도 치하에서 고난당하시고,
　　　　십자가에 달리시고, 죽으시고, 장사되시고,
　　　　음부에 내려가셨으며,
　　5. 사흘 만에 죽은 자들로부터 부활하셨고,
　　6. 하늘에 오르셨고,
　　　　전능하신 하나님 아버지의 우편에 앉아 계시는데,
　　7. 거기서 산 자들과 죽은 자들을 심판하러 오실 것입니다.

Ⅲ. 성령 하나님
　　8. 나는 성령을 믿습니다.
　　9. 나는 거룩한 공교회와 성도의 교제와
　　10. 사죄와
　　11. 육의 부활과
　　12. 영생을 믿습니다.　　　-아멘-

제5과

우리의 대제사장이신 예수님

히브리서 7:25

들어가면서

지난 과에서는 '예수'의 이름 뜻과 '그리스도'라는 뜻을 살펴봤습니다. 그리스도는 곧 선지자이며, 왕이며, 제사장을 의미합니다. 그 중 그리스도의 '선지자' 되심을 공부했습니다. 그러면 오늘은 예수님이 우리의 제사장이시라는 의미를 생각해보겠습니다.

지난 과에서 본 하이델베르크 31문답을 계속 볼까요?

> 우리의 유일한 대제사장으로서
>> 그의 몸을 단번에 제물로 드려
>> 우리를 구속(救贖)하셨고,
>> 성부 앞에서 우리를 위해 항상 간구하시며,

대교리문답도 비슷합니다. 대교리문답은 한 문답 안에 대제사장이신 그리스도에 대한 가르침을 다 담고 있습니다.

문 44. 그리스도께서는 어떻게 제사장의 직무를 수행하십니까?

　답: 그리스도께서는 제사장 직무를 수행하시되

　　　1] 당신을 흠 없는 제물로 하나님께 단번에 드리셔서
　　　　 당신의 백성들의 죄에 대한 화해를 이루셨습니다.

　　　2] 지속적으로 그 백성들을 위해서 중보를 하심으로써
　　　　 수행하십니다.

　우선 대제사장이 뭐하는 사람인지부터 알아봅시다. 대제사장은
한마디로 "하나님의 백성들을 하나님께로 인도해 가되, 아무 탈 없
이 하나님을 만날 수 있게 해주는 사람"으로 정의할 수 있겠습니다.

　인간은 모두가 죄인이기 때문에 하나님께 '무사히' 나아갈 수 없
습니다. 하나님은 거룩하시고 죄에 대해서 벌을 내리시는 하나님이
시기 때문입니다. 그래서 하나님의 참 백성들은 언제나 하나님 뵙기
를 두려워했습니다.

　한 예만 보겠습니다. '힘' 하면 떠오르는 사람, 누구죠? 삼손입니
다. 그의 아버지 마노아가 여호와의 '사자'를 만났습니다. 정확히 말
하면 구약시대에 등장하신 예수님이십니다. 그 사자를 만나고 나서
그는 이렇게 말합니다.

　　"우리가 하나님을 보았으니 반드시 죽으리로다."

　　(사사기 13:22)

　그가 만난 분은 '여호와의 사자'였지만 그분이 곧 여호와 하나님

이심을 알았습니다.

이처럼 하나님의 참 백성들은 하나님 뵙기를 두려워했습니다. 이유는 죄인은 그분의 얼굴을 함부로 쳐다볼 수 없기 때문입니다.

그렇다면 죄인들이 하나님을 뵙기 힘들고, 다가가기도 힘든 원인인 죄를 해결하면 됩니다. 예수님께서 이를 위해서 대제사장으로서 중요한 일을 하셨습니다. 앞의 두 교리문답을 통해서 정리해보겠습니다.

우선 구약시대에는 하나님의 백성 이스라엘이 하나님께 나아가서 사죄를 기도하고 그분의 은혜를 구하는 여러 가지 제사를 드렸습니다. 대제사장은 그 제사를 집례하고 이스라엘 백성들에게 평화를 빌어주는 역할을 했습니다. 제사의 제물은 소나 염소 같은 가축이었습니다.

그러면 예수님은 어떻게 하셨습니까?

1. 십자가에서

구약의 대제사장들이 이스라엘 백성들의 대표로서 사죄를 청하는 제사를 드렸듯이, 예수님은 모든 교회를 대표하는 대제사장으로서 속죄의 제사를 드리셨습니다.

그런데, 그 제사의 제물은 뭐였습니까? 구약시대와는 달랐습니다. 바로 주님 자신을, 자신의 생명을 제물로 내어놓으십니다.

성경 어디에 그런 말이 있죠? 히브리서 9:11~12을 볼까요?

그리스도께서는 … 대제사장으로 오사 … 염소와 송아지의 피로 하지 아니하고 오직 자기의 피로 영원한 속죄를 이루사 단번에 성소에 들어가셨느니라.

이 구절에 따르면 예수님은 우리의 대제사장으로 오셔서, 자신을 제물로 하나님께 당신의 백성들의 죄 사함을 위한 제사를 드리셨습니다. 구약의 하나님 백성들이 소나 염소를 잡아서 바침으로써 얻었던 하나님과의 화해를 예수님께서 친히 희생제물이 되어 주심으로써 하나님께 나아갈 수 있게 되었습니다.

앞에서 살펴봤던 히브리서 4:14, 그리고 16절을 볼까요?

> 그러므로 우리에게 큰 대제사장이 계시니 … 그러므로 우리는 긍휼하심을 받고 때를 따라 돕는 은혜를 얻기 위하여 은혜의 보좌 앞에 담대히 나아갈 것이니라.

여기서 '은혜의 보좌'는 곧 하나님의 보좌를 뜻합니다. 그러면 종합해서 설명해보죠. 우리의 대제사장이신 예수님께서 우리를 위해서 대신 죽어 주심으로써 우리를 대신해서 벌을 받으셨고, 이제 우리는 하나님 앞에 나아가서 '은혜', 즉 사랑만 받을 수 있게 되었습니다.

2. 하나님 우편에서

대제사장의 역할을 십자가에서만 하셨을까요? 아닙니다. 지금도 하나님 우편에서 우리의 대제사장으로서 일하십니다. 어떤 일을 하십니까? 신약성경에서 두 구절만 보겠습니다.

(1) 히브리서 7:25

그러므로 자기를 힘입어 하나님께 나아가는 자들을 온전히 구원하실 수 있으니 이는 그가 항상 살아 계셔서 그들을 위하여 간구하심이라.

(2) 로마서 8:34
다시 살아나신 이는 그리스도 예수시니 그는 하나님 우편에 계신 자요 우리를 위하여 간구하시는 자시니라.

이 두 구절에 다 있는 단어는 바로 '간구'입니다. 기도라는 뜻입니다만, 남을 위해서 기도한다는 뜻으로, 요즘 교회들이 많이 쓰는 '중보기도'라는 말입니다. 이 용어를 쓸 때 조심해야 합니다. '중보'는 원래 예수님만 하실 수 있는 일입니다.

부활하셔서 승천하신 예수님은 하나님 우편에서 우리를 위해서 하나님께 기도하고 계십니다. 이 점은 "하늘에 오르신 예수님" 편에서 다시 살펴보겠습니다. 사도신경

✏️ 정리하며 나가기

1. 제사장은 뭐하는 사람입니까?

2. 왜 사람은 하나님 앞에 '무사히' 나아갈 수 없을까요?

3. 그런 사람을 하나님 앞으로 '무사히' 데려가시기 위해서 무슨 일을 하셨습니까?

4. 예수님은 우리의 대제사장으로서 하늘에서는 무슨 일을 하십니까?

I. 성부 하나님
    1. 나는 전능하신 하나님 아버지, 천지의 창조주를 믿습니다.

II. 성자 하나님
☞ 2. 나는 그분의 독생자 우리 주 예수 그리스도를 믿으오니,
    3. 그는 성령으로 잉태하여 동정녀 마리아에게서 나셨고,
    4. 본디오 빌라도 치하에서 고난당하시고,
        십자가에 달리시고, 죽으시고, 장사되시고,
        음부에 내려가셨으며,
    5. 사흘 만에 죽은 자들로부터 부활하셨고,
    6. 하늘에 오르셨고,
        전능하신 하나님 아버지의 우편에 앉아 계시는데,
    7. 거기서 산 자들과 죽은 자들을 심판하러 오실 것입니다.

III. 성령 하나님
    8. 나는 성령을 믿습니다.
    9. 나는 거룩한 공교회와 성도의 교제와
    10. 사죄와
    11. 육의 부활과
    12. 영생을 믿습니다.   -아멘-

제6과

왕이시며 '주(主)'이신 예수님

마태복음 28:18

들어가면서

'그리스도'는 '기름 부음 받은 사람'이란 뜻이며, 같은 말로는 '메시아'가 있습니다. 기름 부음 받는 사람은 선지자, 제사장, 그리고 왕입니다. 그리스도는 선지자시며, 우리의 대제사장이시며 왕이십니다.

이번에는 왕이신 주님, 그리고 우리의 주님이신 예수님에 대해 공부해 봅시다.

1. 왕이신 예수님

지난 과에서 본 하이델베르크 31문답을 계속 보겠습니다.

또한 우리의 영원한 왕으로서
    그의 말씀과 성령으로 우리를 다스리시고,
    우리를 위해 획득하신 구원을 누리도록

우리를 보호하고 보존하십니다.

(1) 하늘에 오르신 왕이신 예수님

왕은 자기 백성을 잘 다스려야 합니다. 그리고 외적의 침략으로
부터 나라와 백성을 지켜야 합니다. 물론 나라 안에서 생기는 여러
가지 어려움에서도 백성을 잘 지켜내야 임금답다고 할 수 있습니다.

예수님은 우리를 그렇게 다스리시고 보호하시고 보존하십니다.
부활하셔서 하늘로 올라가신 예수님은 보좌(왕좌)에 앉아서 우리를 다
스리십니다. 그래서 앞의 하이델베르크 교리문답은 예수님은 우리의
'영원한 왕'이라고 합니다.

예수님께서 부활하시고 승천하시면서 이런 말씀을 하셨습니다.
마태복음 28:18입니다.

예수께서 나아와 말씀하여 이르시되 하늘과 땅의 모든 권세를
내게 주셨으니

땅에 있는 모든 나라들의 권력과 하늘의 권력도 다 예수님이 받
으셨습니다. 하나님께서 예수님께 주셨습니다. 그러니까 예수님은 진
정한 왕이십니다. 그 위에 어떤 왕도 있을 수 없습니다.

(2) 땅에 계실 때, 왕이신 예수님

예수님이 하늘에 오르셨을 때만 왕이신 것은 아닙니다. 땅에서
복음을 전하며 사셨을 때도 이미 왕이셨습니다.

1) 이 점을 살피기 전에 구약 성경에서 하나님이 왕이셨음을 먼저 살펴보겠습니다.

하나님께서 당신의 백성을 친히 다스리시고 보호하십니다. 구약성경은 이 점을 수없이 말하고 있습니다. 대표적으로 시편 24편을 들 수 있습니다.

> 문들아 너희 머리를 들지어다.
> 영원한 문들아 들릴지어다.
> 영광의 왕이 들어 가시리로다.
> 영광의 왕이 누구시냐? 강하고 능한 여호와시요,
> 전쟁에 능한 여호와시로다.
> 문들아, 너희 머리를 들지어다.
> 영원한 문들아 들릴지어다.
> 영광의 왕이 들어가시리로다.
> 영광의 왕이 누구시냐?
> 만군의 여호와께서 곧 영광의 왕이시로다.

하나님께서 왕이심을 반복해서 선언하고 있습니다. '왕'이 몇 번 나오는지 세어봅시다.

2) 왕이신 예수님
-신약 성경 첫 부분에서(마태복음 2장)에서 예수님이 왕으로 이 땅에 오셨음을 이방인인 동방 박사, 즉 페르시아에서 온 점성술사들이

증언합니다. 마태복음 2:2입니다.

> 유대인의 '왕'으로 나신 이가 어디 계시냐? 우리가 동방에서 그
> 의 별을 보고 그에게 경배하러 왔노라 하니

– 예수님께서 십자가에 달리실 때, 왕이심이 다시 한 번 선포됩
니다. 그런데 이 때 예수님의 모습은 우리가 생각하는 일반적인 왕의
모습과는 정반대였습니다.

> 그가 남은 구원하였으되 자기는 구원할 수 없도다. 그가 이스라
> 엘의 왕이로다. 지금 십자가에서 내려올지어다. 그리하면 우리가
> 믿겠노라. (마태복음 27:42)

왕으로 인정 못하겠다는 말입니다.
이때 예수님 좌우에 십자가에 달렸던 두 강도도 예수님을 조롱
했습니다. 그러다가 한 강도가 생각이 바뀌어 예수님께 용서를 빌고
자비를 구합니다.

> 예수여 당신의 나라(왕국)에 임하실 때에 나를 기억하소서!
> (누가복음 23:43)

이 강도는 십자가에 달려 죽어가는 예수님을 왕으로 인정했습니
다. 예수님의 왕국에 들어가실 때, 즉 앞날에 왕으로서 그 나라에 들
어가실 때가 있을 거라고 믿었습니다.

하지만 예수님은 그 강도에게 '지금' 나와 함께 낙원에 들어가자고 하십니다. 왕이신 예수님께서 당신께 자비를 구하는 한 가련한 백성을 구원하시고 보호하셨습니다.

예수님은 이처럼 가장 낮아진 상태, 곧 죽게 된 순간에도 변함없는 왕이셨습니다.

(3) 하늘에 오르신 후에 왕이신 예수님
- '말씀과 성령'으로

예수님은 승천하신 후에도 왕이십니다. 아니 땅에서 계실 때보다 더 분명한 왕의 모습입니다. 그런데, 어떤 식으로 통치하십니까? 선지자로서 예수님께서 '말씀과 성령'으로 하나님의 뜻을 전하십니다. 웨스트민스터 소교리문답에서 배웠습니다. 그런데 하이델베르크 교리문답은 왕으로서의 일도 '말씀과 성령으로' 수행하신다고 고백합니다. 하늘에 오르셔서도 이처럼 그리스도로서, 왕이며 선지자로서의 일을 계속 수행하십니다. '말씀과 성령님을 통해서' 하십니다. 즉, 설교를 통해서 그리스도께서 당신의 교회를 다스리시고, 당신의 뜻을 보여주십니다. 또한 말씀 없이 일어나는 성령의 역사도 없음을 암시하고 있습니다.

그래서 웨스트민스터 소교리문답 23문답에서는 이렇게 말하고 있습니다.

문 23: 우리의 구속자로서 그리스도는
무슨 직분을 수행하십니까?
답: 그리스도는 우리의 구속자로서

선지자와 제사장과 왕의 직분을 수행하시되,

낮아지심과 높아지심의 상태에서 수행하십니다.

2. "예수는 그리스도", 이 귀한 고백!

예수 그리스도! 예수는 그리스도다.

이 얼마나 귀한 고백입니까? '구주'이신 예수님, 우리의 왕이시
며 대제사장이시며 선지자이신 '그리스도'! 이제부터는 이 고백들을
생각하면서 사도신경을 암송합시다.

3. 우리 주님

이제 예수님의 다른 칭호 '주(主)'에 대해서 배워보겠습니다.

'주'라는 이 말이 성경에서 상대방을 높여 부르는 존칭으로 쓰이
기도 합니다. 우리가 하는 식으로 하자면, '선생님', 혹은 더 흔하게
'사장님' 정도로 볼 수도 있습니다.

종이 자기를 돈 주고 사들인 사람을 주(主), 주인님이라고 부릅니
다. 그것 말고 더 중요한 뜻이 있습니다.

(1) "황제가 주(主)이시다."

신약성경 시대에는 로마라는 거대한 제국이 유럽 전역을 다스리
고 있었습니다. 그리고 아프리카 북부까지 뻗어 있었습니다.

이렇게 큰 나라를 유지하기 위해 로마는 황제의 권위를 높이려
했습니다. 신(神)처럼 섬기게 했습니다. 도시 한 복판의 광장에 큰 황
제의 상(像)을 세워 놓고 거기에 절하면서 "황제가 주님이시다"고 외
치게 했습니다.

성경은 예수님이 '우리 주'라고 가르칩니다. 사도신경 역시 그렇게 가르칩니다. 그러니 그리스도인들은 황제상에 절할 수도 없었고, 황제를 주라고 외치지도 않았습니다. 그 때문에 많은 성도들이 끌려가서 매를 맞기도 했고, 심지어 죽기까지 했습니다. 우리는 아주 쉽게 주일마다 "우리 주, 예수, 그리스도를 믿으오니"라고 주르륵 이어서 암송하지만, 사실 예수님을 '주'라고 고백 한번 하는데 목숨을 걸어야 했습니다.

(2) 예수님께서 우리를 사들이셨기 때문에 우리의 '주인'이십니다.

이 점은 하이델베르크 교리문답이 잘 보여줍니다.

34문: 당신은 왜 그분을
        "우리 주"라 부릅니까?

   답: 왜냐하면 그분이
          금이나 은이 아니라 그의 보혈로써
          우리의 몸과 영혼을
          우리의 모든 죄로부터 구속(救贖)하셨고,
        우리를 마귀의 모든 권세에서 해방하여
          주의 것으로 삼으셨기 때문입니다.

구속(속량)

여기서 '구속'이라는 이 단어를 잘 봐야합니다. 옛날에는 사람을 돈으로 사고파는 일이 있었습니다. 종들, 노예들을 그렇게 했습니다.

그런데 성경은 예수님께서 우리를 사들였고 표현합니다. 마귀의 종이 된 우리를 사들이셨습니다. 이렇게 종을 사들여서 풀어주는 경우를 '구속'이라고 합니다. 지금 교회가 쓰는 성경에서는 주로 '속량'이라고 번역하고 있습니다. 같은 뜻입니다. ('속량'은 구한말 우리나라에서도 쓰이던 단어입니다. 종을 풀어 양민(良民)이 되게 하는 행위였습니다.)

예수님께서 우리를 사들이셨으니 그분은 우리의 주인이십니다. 그런데 우리를 얼마를 주고 사셨을까요? 뭐로 우리를 속량하셨습니까? 다르게 말하면, 우리의 몸값이 어느 정도였습니까? 바로 그리스도의 보혈이었습니다. 주님의 목숨을 우리의 몸값으로 지불하셨습니다.

한 가지 더 생각해봅시다.

예수님께서 우리를 사들이셔서 우리를 종으로 부리기만 하실까요? 요한계시록 1:5~6을 봅시다.

우리를 사랑하사 그의 피로 우리 죄에서 우리를 '해방'하시고 그의 아버지 하나님을 위하여 우리를 나라와 제사장으로 삼으신 그에게 영광과 능력이 세세토록 있기를 원하노라. 아멘!

예수님의 아버지 하나님을 위하여, 우리를 그분께 바치셨습니다. 그래서 제사장처럼 사람들을 하나님께로 이끄는 일을 하게 하셨습니다. [사도신경]

✎ 정리하며 나가기

1. 예수님은 우리의 왕이십니다. 우리를 보호하십니다. 그런데, 예수

님의 보호의 목적이 무엇입니까? 인용한 하이델베르크 교리문답을 잘 살펴보고 답해봅시다.

> 또한 우리의 영원한 왕으로서
> 그의 말씀과 성령으로 우리를 다스리시고,
> 우리를 위해 획득하신 _____을 누리도록
> 우리를 보호하고 보존하십니다.

2. 하늘에 오르신 예수님이 우리의 왕이심을 믿기는 어렵습니다. 눈에 보이지 않기 때문입니다. 예수님께서 하늘에서 땅 위에 있는 우리 들을 통치하시는 수단 두 가지는 무엇입니까? (이 두 가지는 결코 분리되지 않습니다.) 위에 인용한 하이델베르크 교리문답을 보고 답해 봅시다.

3. 땅에 계실 때, 가장 약하고 낮아지신 상태에서 왕으로서 가장 위엄 있는 선언을 하신 예가 있습니다. 소위 십자가 앞의 강도와 나눈 대화였습니다. 여기서 그 '행악자'의 믿음을 생각해 봅시다. 십자가에 대롱대롱 매달려서 다가오는 죽음을 맞고 계시는 그 예수님을 왕'으로 보고 "당신의 왕국(나라)에 입성하실 때에 저를 기억해 주십시오."라고 말할 수 있는 그 믿음. 여러분에게 그런 믿음이 있습니까?

4. 예수님이 '주님'이시라고 고백할 때, 로마가 다스리던 시대에서 얼마나 위험한 일이었는지 생각해봅시다. 황제 숭배가 있던 이 시

절에 말입니다.

5. 예수님이 우리의 '주인'이신 이유는 그분이 우리를 구속하셨기 때문입니다. 즉 노예 상태에서 사들이셨다는 말입니다. 그렇다면 죄의 종인 우리를 사들이시기 위해서 주님은 얼마나 지불하셨습니까? 우리의 몸값은 어느 정도입니까?

6. 종인 우리를 사들이신 우리의 주인 예수님은 우리를 어떤 종으로 부리십니까? 요한계시록 1:5-6은 어떻게 선언합니까?

   (1) 우리를 _____ 하사

   (2) 우리를 그분의 _____ 하나님을 위하여 바치심.
      즉 하나님께 바치심

   (3) 우리를 나라와 _____으로 삼으심

   (4) 그러니 그분께 세세토록 _____과 능력이 있기를 찬송하고 기원할 수 밖에 없습니다.

7. '먹튀'라는 말을 아십니까? '먹고 튀어버린다'는 속어입니다. 어마어마한 몸값을 받고 입단한 프로야구 선수가 몸값을 제대로 못하고 실력이 시원찮으면, 그러다가 은퇴해버리고 말면 팬들은 '먹튀'라고 비아냥댑니다. 돈만 먹고 튄 셈이라는 말입니다.
뭐 그다지 품위 있는 말은 아닙니다만, 오늘 우리가 교훈 삼을 만한 말입니다. 우리의 몸값은 어느 정도입니까? 혹시 우리 지금 예수님의 백성답지 못해서, 하나님의 자녀답지 못해서 몸값 못하는

'먹튀' 수준은 아닙니까?

이 말로 마무리 합시다.
"몸값 좀 하고 삽시다."
다음에는 '주'의 또 다른 의미를 살펴보겠습니다.

I. 성부 하나님
   1. 나는 전능하신 하나님 아버지, 천지의 창조주를 믿습니다.

II. 성자 하나님
☞ 2. 나는 그분의 독생자 우리 주 예수 그리스도를 믿으오니,
   3. 그는 성령으로 잉태하여 동정녀 마리아에게서 나셨고,
   4. 본디오 빌라도 치하에서 고난당하시고,
      십자가에 달리시고, 죽으시고, 장사되시고,
      음부에 내려가셨으며,
   5. 사흘 만에 죽은 자들로부터 부활하셨고,
   6. 하늘에 오르셨고,
      전능하신 하나님 아버지의 우편에 앉아 계시는데,
   7. 거기서 산 자들과 죽은 자들을 심판하러 오실 것입니다.

III. 성령 하나님
   8. 나는 성령을 믿습니다.
   9. 나는 거룩한 공교회와 성도의 교제와
   10. 사죄와
   11. 육의 부활과
   12. 영생을 믿습니다.   -아멘-

제7과

여호와 예수님

– 주(主) 예수님의 또 다른 의미

로마서 10:13

들어가면서

예수님은 우리를 당신의 보혈로 사들이셨기 때문에 우리의 주님이십니다. 사도들은 설교를 통해서 이 사실을 분명하게 선포했습니다.

이 신앙고백은 황제 숭배와 늘 충돌했습니다. 수많은 성도들이 '황제가 주님이시다'는 국가의 가르침을 거부하다가 순교했습니다. 예수님을 주님이라고 고백할 수 있는 신앙의 자유를 감사해야겠습니다.

오늘은 예고한 대로 '주'라는 또 다른 의미를 살펴보겠습니다.

1. 여호와 예수님?

여호와는 하나님의 이름이지 않습니까? 예수님이 어떻게 여호와이십니까?

맞습니다. 여호와는 하나님의 이름입니다. 그런데 하나님 아버지의 이름만이 아닙니다. '삼위 하나님'의 이름입니다.

'여호와의 증인'의 착각

'여호와의 증인'이라는 이단이 있습니다. 이들은 교회를 향해서 말합니다. "너희는 여호와의 이름을 부르지 않고, 예수의 이름을 부르기 때문에 구원받을 수 없다." 그러면서 요엘 2:32을 제시합니다.

누구든지 여호와의 이름을 부르는 자는 구원을 얻으리니

신약에는 왜 '여호와'가 안 보일까요?

하지만, 이들의 주장은 단순한 무지에서 나왔습니다. 이 성경 구절은 사실 신약 성경에 두 번 인용되어 있습니다. 사도행전 2:21과 로마서 10:13입니다. 로마서를 보겠습니다.

누구든지 주의 이름을 부르는 자는 구원을 받으리라.

요엘서를 인용한 구절입니다만, '여호와의 이름'이 로마서에서는 '주의 이름'으로 바뀌어 있습니다. 그러면 사도 바울이 성경 구절을 착각했을까요?

70인역 / '여호와' → '주'

이 점을 이해하기 위해서는 예수님 시대를 좀 알아야 합니다. 예수님 시대보다 삼백년 정도 앞에 저 유명한 알렉산드로스(알렉산더) 대왕이 유럽을 다 점령했습니다. 그리고 아프리카 북부인 이집트(애굽)까지 차지했습니다. 그때부터 그 나라 언어인 그리스어(혹은 헬라어라고도 하는)가 세계 공용어가 되었습니다. 물론 이때 이스라엘도 점령당합니다.

예수님 시대에 유대인들은 세계 여러 나라에 흩어져 살고 있었습니다. 물론 고국 땅에도 살고 있었구요. 그런데 외국에 살던 유대인들은 서서히 자기 나라 말인 히브리어를 잊어갔습니다. 그래서 성경 학자들이 모여서 자녀들을 위해서 구약성경을 세계 공용어가 된 헬라어로 번역합니다. 이때 72명의 학자들이 이 일에 동참했습니다. 그 번역 성경을 통상 70인역이라고 부릅니다.

그런데 이 70인역에 '여호와'(혹은 '야웨')는 보이지 않습니다. 그 단어를 전부 '주(主)'로 바꿔놓았습니다. 번역자들이 '여호와' 그 거룩한 이름을 함부로 자꾸 부르면 3계명, '여호와의 이름을 망령되게 부르지 말라'는 계명을 어기게 될지 모른다고 생각했기 때문입니다.

주의 이름, 여호와의 이름

신약성경을 쓴 분들은 구약성경을 인용할 때, 이 70인 역을 인용했습니다. 그러니까 위에서 살펴본 경우처럼 분명 '여호와의 이름'이 들어간 요엘서를 인용하면서도, '주의 이름'으로 바뀌었습니다. 그러면 구원 받기 위해서 불러야 할 '주의 이름', 그 주님이 누구실까요? 하나님 아버지이실까요? 로마서 10:9을 봅시다.

네가 만일 네 입으로 예수를 '주'로 시인하며 또 하나님께서 그를 죽은 자 가운데서 살리신 것을 네 마음에 믿으면 구원을 받으리라.

예수님이 '주'이심을 고백해야 구원받는다고 가르치고 있습니다.

그리고 조금 뒤에 13절에서 사도 바울은 그 증거로 요엘서를 인용했습니다. "주의 이름을 부르는 자는 구원을 얻으리라." 그러니까 예수님이 주님이시며, 곧 여호와이십니다. 이 사실을 믿어야 구원받습니다.

여기서 여호와의 증인들의 주장은 무너집니다. 자기들이 교회를 공격하기 위해서 빼들었던 성경구절은 바로 그들의 무지를 폭로하고 맙니다. 우리 기독교가 여호와의 이름을 안 부른다구요? 도리어 자기들이 여호와 예수님의 이름을 부르지 않습니다. 예수님을 '주'로 고백하지 않습니다. 그러니 그들에게는 구원이 없습니다. 결국 자승자박인 셈입니다.

2. 여호와, 그 귀한 이름의 뜻

그러면 여호와란 무슨 뜻일까요?

출애굽기 3:14~15을 보겠습니다.

하나님이 모세에게 이르시되 '나는 스스로 있는 자이니라.' 또 이르시되 너는 이스라엘 자손에게 이같이 이르기를 '스스로 있는 자'가 나를 너희에게 보내셨다 하라. 하나님이 또 모세에게 이르시되 너는 이스라엘 자손에게 이같이 이르기를 너희 조상의 하나님 여호와 곧 아브라함의 하나님, 이삭의 하나님, 야곱의 하나님께서 나를 너희에게 보내셨다 하라 이는 나의 영원한 이름이요 대대로 기억할 나의 칭호니라.

스스로 있는 자?

이 말은 오해의 소지가 있습니다. 이 말은 영어로 하면 I am that I

am입니다. 번역하자면, "나는 늘 그대로의 모습 그대로의 나이다."가 됩니다. 다르게 하자면, '나는 변하지 않는 나이다'로 이해할 수 있습니다.

이 말을 3인칭으로 바꾸면 '여호와'입니다. 그러니 우리가 부르는 '여호와'의 뜻은 '변함 없는 그분'입니다

그러면 하나님은 어떤 점에서 변하지 않으십니까? 바로 당신께서 하신 약속, 언약을 지키시는 일에 변함이 없으십니다. 그래서 15절에서는 나는 너희 조상의 하나님이라고 하십니다. 즉, 아브라함에게, '나는 너와 네 자손의 하나님이 되겠다'고 하신 약속을 지키시기 위해서 지금 모세에게 나타나셨습니다. 네 자손을 다시 가나안 땅으로 인도하겠다고 하신 약속을 이제 지키려 하십니다.

이렇게 해서 '여호와'라는 이름의 뜻을 정리하면, "언약을 끝까지 지키시는 변함없는 하나님"입니다.

예수님께서도 여호와이십니다. 그렇다면 예수님도 "언약을 끝까지 지키시는 하나님"이십니다. 그러니까 그 이름을 부르는 사람들은 구원을 받을 수 있습니다.

3. 여호와 예수님

(1) 도마의 고백

예수님을 '주', 즉 여호와라고 한 고백은 예수님의 제자 도마에게서 시작됩니다. 주님의 부활을 믿지 못하던 도마가 예수님의 몸을 만져보고서야 믿었습니다. 그리고는 이렇게 고백했습니다.

나의 주님이시오, 나의 하나님이시니이다.(요한복음 20:28)

여기서 '주님'은 두 말할 필요도 없이 '여호와'입니다. '나의 하나님'이란 고백까지 함께 있음으로써 '주님'이 곧 여호와를 뜻하고 있음을 분명하게 보여줍니다. 예수님을 여호와로, 하나님으로 고백했습니다. 삼위일체 교리의 증거가 이 고백에서도 잘 나타납니다. 삼위일체 교리가 성경에 없다는 무지한 말을 해서는 안 됩니다.

(2) 예수님께서 자신을 '여호와'라 하심

예수님께서도 자신을 '여호와'라고 생각하셨을까요? 당연히 그렇습니다.

1) 요한복음 8:58입니다.

예수께서 이르시되 진실로 진실로 너희에게 이르노니 아브라함이 나기 전부터 내가 있느니라 하시니

'내가 있다'(I AM)는 말씀은 두 가지 의미로 이해될 수 있습니다. 우선 말 그대로 아브라함이 존재하기 전에 내가 존재한다는 뜻입니다. 그런데 이 말을 들은 유대인들이 예수님을 돌로 쳐서 죽이려 했습니다. 예수님은 나이 오십도 안 되셨는데, 아브라함보다 먼저 존재했다고 말씀하십니다. 그래서 유대인들은 예수님을 정신 나간 사람 취급하기 시작했습니다. 그런데 왜 갑자기 돌로 쳐서 죽이려 했을까요? 나이 오십도 안 된 인간이 수 천년 전에 살았던 아브라함이 태어나기도 전에 나는 벌써 있었다는 정신 나간 소리 때문에 돌로 쳐서 죽이려 했을까요? 외람되지만 그냥 '미친 놈', 하고는 웃고 끝낼 일입니다.

하지만 '내가 있다'(I AM)는 말이 곧 '여호와'라는 다른 표현이기

때문에 그들은 날뛰었습니다. 이 말은 출애굽기 3:14의 "스스로 있는 자"를 그대로 옮긴 말이기 때문이었습니다. 스스로 하나님이라고 말하는 '사람', 이런 하나님을 모독하는 인간은 돌로 쳐 죽여야 한다고 생각했던 겁니다.

2) 이런 일은 한 번 더 있었습니다.

이번에도 요한복음입니다. 18:5~8을 볼까요.

상황은 이렇습니다. 예수님께서 잡히시기 전날 밤에 겟세마네 동산에서 밤새 기도하셨습니다. 새벽에 일어나서 나오시는데, 예수님의 제자 유다가 대제사장의 군사를 이끌고 왔습니다. 예수님을 잡으러 온 겁니다. 예수님께서 그들에 물으셨습니다. 누구를 찾는게요? "나사렛 출신 예수라는 사람을 찾소."

이 때 예수님께서 말씀하셨습니다. "내가 그 사람이오." 이 역시 I AM이었습니다. 우리말로 다시 하자면, 나사렛 예수가 누구냐는 질문에 '나다'라고 대답하셨습니다. 하지만 이 표현은 이중의 뜻이 있습니다. "너희가 찾는 예수가 바로 '나다'"도 되지만 바로 내가 '여호와'이다라는 뜻도 있습니다.

그래서 군사들이 놀라서 뒤로 물러나서 예수님께 머리를 조아렸습니다. '나는 여호와다'라는 말로 생각하고 놀라서 그랬을 겁니다. 물론 그렇다고 이들이 예수님을 여호와로 완전히 인정하거나 신앙을 갖게 되지는 않았지만요.

이렇듯 예수님은 당신께서 이 땅에 오신 '여호와'이심을 알고 계셨고 가르치셨습니다.

마무리 합시다.

우리가 예수님을 '주'라고 고백할 때, 구약의 여호와이심을 뜻하기도 합니다. 여기서 다시 우리는 삼위'일체' 하나님을 배웁니다. 예수님은 하나님과 동등한 '여호와'이십니다. 사도신경

✏️ 정리하며 나가기

1. 여호와는 '늘 그 모습 그대로의 나이다'는 뜻입니다. 그분은 어떤 면에서 변하지 않으십니까?

2. 요엘 선지자는 "_____의 이름을 부르는 자는 구원을 얻으리라"고 했는데, 사도 바울이 '_____의 이름을 부르는 자는 구원을 얻으리라'고 했습니다. 여호와의 다른 이름인 이 '주님'은 누구를 가리킵니까?(로마서 10:9)

3. 여호와의 증인들은 "기독교는 여호와의 이름을 부르지 않고 예수의 이름만 부르니 구원 받지 못한다"고 가르칩니다. 이들의 주장이 맞습니까? 틀렸다면, 왜 틀렸습니까?

4. 예수님을 '주님'이라고 처음 고백한 사람은 누구입니까? _____ 그 사람의 고백을 다시 살펴봅시다. 요한복음 20:28입니다.

"나의_____이시오, 나의 _____이시니이다."

이 고백을 한 사람은 바로 부활의 주님을 보지 않고는 믿지 못하겠

다고 했던 바로 그 사람입니다. 주님의 부활을 확인하자, 곧바로 "나의 '여호와'십니다"라고 고백합니다.

I. 성부 하나님
   1. 나는 전능하신 하나님 아버지, 천지의 창조주를 믿습니다.

II. 성자 하나님
   2. 나는 그분의 독생자 우리 주 예수 그리스도를 믿으오니,
☞ 3. 그는 성령으로 잉태하여 동정녀 마리아에게서 나셨고,
   4. 본디오 빌라도 치하에서 고난당하시고,
      십자가에 달리시고, 죽으시고, 장사되시고,
      음부에 내려가셨으며,
   5. 사흘 만에 죽은 자들로부터 부활하셨고,
   6. 하늘에 오르셨고,
      전능하신 하나님 아버지의 우편에 앉아 계시는데,
   7. 거기서 산 자들과 죽은 자들을 심판하러 오실 것입니다.

III. 성령 하나님
   8. 나는 성령을 믿습니다.
   9. 나는 거룩한 공교회와 성도의 교제와
   10. 사죄와
   11. 육의 부활과
   12. 영생을 믿습니다.   -아멘-

제8과

하나님의 독생자, 성령으로
잉태되시고 동정녀에게서 탄생하심

로마서 6:23

들어가면서

▶ 여호와이신 예수님은 동정녀(처녀)의 몸에서 태어나셨습니다. 왜 그래야 했을까요? 무슨 중요한 의미가 있을까요?

▶ 그보다 먼저 생각해 봐야 할 문제가 있습니다. 왜 예수님은 꼭 사람으로 태어나셨어야 했습니까? 그냥 천사들처럼 하늘에서 바로 날아 내려와서 하나님의 뜻을 전하셔도 되지 않았을까요?

▶ 예수님은 하나님의 독생자라고 우리는 고백합니다. 예수님만 하나님의 아드님이십니까? 그럼 우리는요?

1. 예수님은 왜 사람이 되셨을까?

성탄절이 되면 온 세상은 '아기' 예수를 좋아합니다. 성인이 되신 예수님보다는 그냥 귀여운 아기여서 좋아할까요? 잘 모르겠습니다. 그런데 예수님은 왜 아기로 태어나셨을까요? 바로 어른의 모습으로, 아니면 천사처럼 나타나시면 안 되었을까요?

그 답을 위해서 먼저 생각해야 할 문제가 있습니다. 사람은 누구나 죄인입니다. 그런데 그 죄에 대한 대가는 '죽음'입니다.

"죄의 삯은 사망이요."(로마서 6:23)

예수님은 우리 대신 이 사망의 벌을 받기 위해서 오셨습니다. 그런데 예수님께서 그냥 하나님으로만 이 세상에 오셨다면 죽을 수가 없습니다. 하나님이시니까요. 그래서 죽을 수 있는 사람의 몸으로 태어나셨습니다.

물론 반대로 사람이기만 하다면, 하나님이 아니시라면 그 죽음을 이길 길도 없습니다.

"하나님만으로는 죽음을 경험할 수가 없고, 사람만으로는 죽음을 이길 수가 없었기 때문에" 하나님이신 그분은 사람으로 오셨어야 했습니다. 우리 대신 '죽기 위해서' 사람이 되셨습니다. 그래서 사람이면서 하나님, 하나님이신 동시에 사람으로 우리의 구주가 되셨습니다.[1]

이렇게 정리하고 나면 한 가지 문제가 남습니다. 사람이기는 한데, 자기도 죄인이라면, 그 죄 때문에 자기 벌 받기도 벅찹니다. 우리 대신 '죽기 위해서' 사람으로 태어나시려면 자기는 죄가 없어야 합니다. 이래서 '처녀에 몸에서 태어나심'이 필요해집니다.

---

1 따옴표 안에 있는 말은 장 칼뱅의 『기독교강요』, 2권 12장 3절에 나옵니다.

2. 성령으로 잉태되심과 동정녀(처녀)에게서 태어나심

아담은 인류의 대표였습니다. 그가 죄를 짓고 나자, 그 자신과 그의 아내가 죄인이 되었을 뿐 아니라, 그 모든 후손은 죄인으로 태어납니다.

그러니 예수님께서 결혼한 부부 사이에서 태어나시게 되면 이 죄에서 자유로우실 수가 없습니다. 그러면 우리 죄를 짊어지고 대신 벌을 받을 수가 없습니다. 우리의 구주이신 그분은 죄 없으신 사람으로 태어나셔야 했습니다.

그래서 하나님은 예수님을 사람으로 이 땅에 보내실 때, 성령님께서 마리아의 몸에 잉태되게 하셨습니다. 사람이 되시기 위해서 마리아의 몸을 빌리셨지만, 자연의 법칙을 넘어서서 태어나십니다. "성령으로 잉태되셨다"는 고백과 "동정녀에게서 나셨다"는 고백은 예수님은 다른 사람들과 다르게 태어나셨다는 뜻이며, 그래서 아담의 후손이 아니고, 죄인도 아니시라는 말입니다.

그러면 성령께서 그리스도가 잉태되게 하셨다는 말은 무슨 뜻입니까? 아버지 하나님께서 아드님을 보내시고, 성령께서는 아담의 후손이 아닌, 마지막 아담, 새로운 아담으로 태어나시게 하기 위해 친히 동정녀에게 잉태되게 하셨습니다. 우리의 구원은 하나님의 손에서 시작되고 완성됨을 보여주는 말입니다.

요약

앞의 내용은 두 가지로 요약할 수 있겠습니다.

첫째, 예수님은 다른 사람의 죄를 뒤집어쓰고 대신 벌을 받으시기 위해서 사람으로 태어나셨습니다. '죽음'이라는 벌을 받을 몸이 필요했습니다.

이 점을 생각하지 않으면, 성탄절 모든 행사는 의미가 없습니다.

둘째, 그러면 왜 동정녀의 몸에, 성령으로 잉태되셔야 했습니까? '죄인'이면 안 되기 때문입니다. 보통의 사람으로, 아담의 후손으로 태어나면 누구나 죄인입니다. 죄인은 자기 죄를 감당하기에도 부족합니다. 그래서 보통의 사람과 다르게 태어나셨습니다.

3. 삼위 하나님의 작품, 성령으로의 잉태

우리는 앞에서 '삼위일체'라는 이해하기 어렵지만, 기독교 신앙의 핵심이 되는 교리를 배웠습니다. 이 '성령으로 잉태되심'은 삼위 하나님의 일하시는 방식을 볼 수 있는 중요한 장면입니다. 성부와 성자와 성령께서 우리의 구원을 위해서 함께 일하십니다. 성부 하나님만 보일 때도 있고, 성자 예수님만 일하시는 듯이 보일 때도 있습니다. 하지만 삼위 하나님은 우리의 구원을 위해서 언제나 함께 일하십니다. 그 점을 가장 잘 보여주는 대목이 바로 '성령으로의 잉태'입니다. 성부는 성자와 성령 없이, 성자도 성부와 성령 없이는 성령 역시 성부와 성자 없이는 아무 일도 하시지 않는다는 좋은 본보기입니다.

혹시라도 이 영광을 잘 모를까봐 예수님께서 이 땅에 탄생하셨을 때, 그 영광을 천사들이 노래하게 하셨습니다. 우리가 잘 아는 일이죠. 베들레헴 밖 들판에서 양을 지키던 목자들에게 천사가 나타나서 이 삼위 하나님의 영광을 노래했습니다.

그 맑고 환한 밤중에 주 천사 내려와
그 손에 비파 들고서 다 찬송 하기를

삼위 하나님께서 구원의 대 역사를 시작하심을 천사들이 찬양합니다.

이렇게 정리해보죠.

예수님은 우리 대신 벌 받을(죽을) 몸이 필요해서 사람이 되셨고 사람이 되시되, 죄 없는 사람이 되시려고 '성령께서 잉태되게' 하셨다. 오시는 그리스도, 보내시는 아버지, 잉태되게 하신 성령님, 삼위 하나님은 이렇게 우리를 위해서 일하신다.

신앙의 요체, 삼위일체 신앙의 핵심을 "성령으로의 잉태"를 중심으로 정리했습니다.

우리 죄를 가려주시기 위해

'우리 죄를 뒤집어쓰고' 벌 받으심에 대해서 하이델베르크 교리문답 36문답은 '우리 죄를 가려주기 위해 오셨다'라고 표현했습니다. 그 아름다운 표현을 한번 볼까요?

> 36문: 그리스도의 거룩한 잉태와 탄생은
>   당신에게 어떤 유익을 줍니까?
> 답: 그리스도는 우리의 중보자이시므로
>   잉태되고 출생할 때부터 가지고 있는 나의 죄를
>   그의 순결함과 온전한 거룩함으로
>   하나님 앞에서 가려 줍니다.

여기서 '가려준다'는 이 말의 의미를 잘 생각해보아야 합니다. 예수님은 우리의 죄를 가려주시기 위해서 오셨습니다. 주님께서 가려주시지 않으면, 우리는 '하나님 앞에서' 부끄러워서 설 수가 없습니다. '주님의 순결함과 온전한 거룩함으로' 가려주십니다. 우리가 성탄절을 맞을 때마다, 또 언제나 주님의 탄생을 생각할 때마다 기억하고, 기념해야 할 내용입니다. 주님은 하나님 앞에서 우리 죄를 '가려주시기 위해서' 오셨습니다.

성탄절이 되면 온 세상이 난리를 치릅니다. 교회도 정신이 없습니다. 하지만, 우리 대신 벌 받으시기 위해 사람이 되신 예수님, 우리 죄를 가려주기 위해 잉태되시고 탄생하신 예수님을 생각하지 못한 채, 행사만 비까번쩍하게 치른다면, "아무 의미 없는 성탄"입니다. 주님은 우리 죄를 철저히 가려주시기 위해서, 우리 몸이 생성되는 어머니 뱃속에서부터 있었을 죄를 가려주시기 위해서, 그 순결함과 온전한 거룩함으로 가려주시기 위해서 오셨습니다.

4. 하나님의 독생자, 하나님의 아들들

우리 모두는 예수님을 믿어 그분 덕분에 하나님의 아들들이 됩니다. 그런데 왜 예수님만 하나님의 아들입니까? 유일한 아드님이라고 부르는 이유는 무엇입니까?

예수님은 본래 하나님의 아들이고, 우리는 입양된 아들들입니다. 마태복음 3:17입니다. 예수님께서 세례 받으실 때 하늘에서 들린, 즉 하나님의 말씀입니다.

하늘로부터 소리가 있어 말씀하시되 이는 내 사랑하는 아들이요 내 기뻐하는 자라 하시니라.

우리는요? 우리는 어떻게 하나님의 자녀가 됩니까?

성경이, 그리고 사도신경이 가르쳐주는 대로 예수님을 '받아들이면' 하나님의 자녀가 됩니다.

영접하는 자 곧 그 이름을 믿는 자들에게는

하나님의 자녀가 되는 권세를 주셨으니.(요한복음 1:12) [사도신경]

🖋 정리하며 나가기

1. 예수님과 달리 우리는 원래 어떤 신분이었습니까? 에베소서 2:3을 읽고 답해 봅시다.

전에는 우리도 다 그 가운데서 우리 육체의 욕심을 따라 지내며 육체와 마음의 원하는 것을 하여 다른 이들과 같이 본질상 _____의 자녀이었더니

우리의 본질은 예수님과는 달랐음을 분명하게 보여줍니다.

2. 예수님은 하나님이십니다. 그런데 왜 사람으로 태어나셔야 했습니까? 칼뱅 선생의 말이 가장 좋은 답이 되겠습니다.

"_____으로는 죽음을 경험할 수 없고,

_____으로는 죽음을 이길 수가 없었기 때문에"

그러면 예수님이 왜 꼭 죽으셔야 합니까? 로마서가 답을 하고 있죠?

"죄의 삯은 _____ 이요."(로마서 6:23)

주님은 우리의 죄를 대신 뒤집어쓰고 죽으시기 위해서
사람이 되셨습니다.

3. 예수님께서 아담의 후손, 즉 보통 사람처럼 태어나지 않으신 이유
는 _____의 영향을 벗어나시기 위해서였습니다.

4. 예수님은 왜 구름타고 내려오시지 않으셨을까요? 구름 타고 위엄
있는 모습으로 사람들 앞에 모습을 드러내셨으면, 더 많은 사람들
이 믿고 따르지 않았을까요?
왜 사람처럼, 잉태되시고 탄생하시고 유년기를 보내시고 하셨을
까요? 하이델베르크 교리문답 36문답은 이에 대해 잘 답해줍니다.

그리스도는 우리의 중보자이시므로
잉태되고 출생할 때부터 가지고 있는 나의 죄를
그의 순결함과 온전한 거룩함으로
하나님 앞에서 _____줍니다.

쉬어가는 마당

최초의 이단

교회 역사 최초의 이단은 어떤 사람일까요?

교회가 공식적으로 규정한 이단은 바로 '아리우스'(서기 250–336)였습니다. 그는 예수님이 우리 신앙의 모범이라고 주장했습니다. 예수님은 원래 사람이었는데, 노력해서 하나님의 아들로 인정받았다고 보았습니다. 그래서 예수님을 본받아 우리도 하나님의 아들이 되도록 노력해야 한다고 가르쳤습니다.

어떻습니까? 이단으로 보입니까? 예수님을 본받자고 하는데요? 오히려 '경건'한 분으로 보이지 않습니까? 하지만 예수님을 그냥 '사람'으로 보았고, 하나님과 동등한 분으로 보지 않았기 때문에 그의 주장은 틀렸습니다. 이처럼 "예수님이 우리가 본받아야 할 모범이다."를 잘못 강조하면 위험합니다.

아리우스는 325년 니케아 회의에서 이단으로 규정되었습니다.

현대의 아리우스

지금도 이 아리우스와 결을 같이하는 이단들이 있습니다. 흔히 볼 수 있는 예가 '여호와의 증인'입니다. 여호와의 증인들이 뉴스를 타면 그건 주로 두 가지입니다. 우선, 병역 거부입니다. 절대 평화주의자들이기 때문에 총을 들 수 없다고 고집합니다. 둘째는 수혈 거부입니다. 피를 먹지 말라는 구약의 가르침을 수혈에 적용합니다. 그래서 수술 중에 피가 모자라도 절대로 수혈받지 않습니다. 갓난아기 자녀의 수술을 거부하고 병원에서 사라져 버리는 부모들, 다 여호와의 증인들이지요.

하지만 여호와의 증인의 핵심은 삼위일체 부정에 있습니다. 예수님은 하나님보다 '한 수 아래'라고 믿습니다. 이에 대해서는 7과에서 자세히 다루고 있습니다. 📋

I. 성부 하나님
   1. 나는 전능하신 하나님 아버지, 천지의 창조주를 믿습니다.

II. 성자 하나님
   2. 나는 그분의 독생자 우리 주 예수 그리스도를 믿으오니,
   3. 그는 성령으로 잉태하여 동정녀 마리아에게서 나셨고,
☞ 4. 본디오 빌라도 치하에서 고난당하시고,
      십자가에 달리시고, 죽으시고, 장사되시고,
      음부에 내려가셨으며,
   5. 사흘 만에 죽은 자들로부터 부활하셨고,
   6. 하늘에 오르셨고,
      전능하신 하나님 아버지의 우편에 앉아 계시는데,
   7. 거기서 산 자들과 죽은 자들을 심판하러 오실 것입니다.

III. 성령 하나님
   8. 나는 성령을 믿습니다.
   9. 나는 거룩한 공교회와 성도의 교제와
   10. 사죄와
   11. 육의 부활과
   12. 영생을 믿습니다.   -아멘-

제9과
십자가에 달려 죽으신 예수님

갈라디아 3:13

들어가면서

빌라도는 억울할까요? 빌라도는 예수님의 무죄를 믿었고, 예수님을 구명하기 위해서 온갖 노력을 했는데, 온 지구상의 교회들은 주일마다 빌라도를 예수님 죽인 원흉으로 몰아가니, 빌라도가 죽어서도 귀가 가렵지 않을까요?

이런 주장을 하는 분들이 더러 있습니다. 이는 사도신경을 보다 정확하게 번역하면 피할 수 있는 말입니다. 주님은 '빌라도에게' 고통을 받으셨다기보다, '빌라도 치하(治下)에서', 빌라도의 권세 '아래에서' 고통을 당했습니다. 그 차이를 살펴보겠습니다.

1. 예수님은 우리 죄 때문에 고난 받으셨습니다.

이번에도 하이델베르크 교리문답으로 시작하겠습니다.

> 37문: "고난을 받으사"라는 말로
>   당신은 무엇을 고백합니까?

답: 그리스도는 이 세상에 사셨던 모든 기간에,

특히 생의 마지막 시기에

모든 인류의 죄에 대한 하나님의 진노를

자신의 몸과 영혼에 짊어지셨습니다.

그분은 유일한 화목제물로 고난을 당함으로써

우리의 몸과 영혼을

영원한 저주로부터 구원하셨고,

우리를 위해

하나님의 은혜와

의와 영원한 생명을 얻으셨습니다.

(1) 하나님의 진노

예수님께서 고통을 당하시면서 죽으셨음을 고백할 때, 우리가 기억해야 할 사실이 있습니다. 그건 바로 예수님께서 우리 죄 때문에 죽으셨다는 사실입니다. 인간은 모두가 죄를 짓고, 그래서 하나님의 진노, 즉 죄에 대한 형벌을 받아야만합니다. 그런 우리를 대신해서 예수님은 하나님의 진노를 자신의 몸과 영혼으로 다 받아내셨습니다.

(2) 화목제물

예수님은 화목제물로서 고난 당하셨습니다. 화목제물이란 죄를 벌하시는 하나님의 법칙을 충족시키기 위해서 하나님께 대신 벌을 받은 제물을 말합니다. 구약시대의 소, 염소, 양, 비둘기 등의 짐승을 불태워서 하나님께 제물로 드렸습니다. 이것이 바로 화목제물입니다.

그런데, 하나님은 이 화목제물을 직접 준비하십니다. 심청전의 용왕님처럼 사람에게 '아리따운 처녀'를 제물로 바치라고 하지 않습니다. (사실 용왕님이 그런 요구를 했다는 생각도 사람이 지어낸 생각일 뿐이지요.) 하나님께서 준비하신 화목제물이 바로 당신의 아드님, 예수님이었습니다. 화목제물이신 예수님께서 우리 대신 벌 받으심으로써 우리의 몸과 영혼을 영원한 저주에서 건져주셨습니다.

이를 이렇게 표현할 수 있겠습니다.

"예수님께서 우리 죄를 뒤집어쓰고, 우리 대신 벌 받으셨습니다."

그래서 우리는 하나님의 사랑만을 누릴 수 있게 되었습니다.

2. 예수님은 '빌라도 치하에서' 고난을 받으셨습니다.

이번에도 하이델베르크 교리문답입니다.

38문: 그분은 왜
재판장 "본디오 빌라도 치하에서"
고난을 받으셨습니까?

답: 그리스도는 죄가 없지만
세상의 재판장에게 정죄(定罪)를 받으셨으며,
이로써 우리에게 임할 하나님의 준엄한 심판에서
우리를 구원하셨습니다.

예수님은 본디오 빌라도 '치하에서' 고난 받으셨습니다. 그 말이 '본디오 빌라도에게' 고난 받으셨다는 말과는 어떤 차이가 있을까요?

'빌라도에게' 고난 받으셨다고 말하면, 빌라도만 나쁜 놈이 됩니다. 하지만 '빌라도 치하에서'라고 말하면, 예수님에 대한 재판 자체가 빌라도의 책임 아래에서 이뤄지고 있다는 뜻입니다.

빌라도의 역할, 두 가지

예수님의 재판에서 빌라도의 역할은 두 가지입니다.

1) 하나는 예수님의 무죄 입증입니다. 유대의 지도자들은 예수님께서 '하나님의 아들'이라고 주장함으로써 하나님을 모독한다고 생각했습니다. 하지만 로마에서 파견된 총독 빌라도 앞에 와서는 "이 예수는 로마 황제 아닌 다른 왕이 있다고 주장합니다"라면서 모함했습니다. 하지만 빌라도는 예수님께서 죄가 없으시다는 사실을 알았습니다. 적어도 로마를 대신하는 총독으로서, 예수님이 반역을 꾀하지 않았음을 알고 있었습니다.

2) 빌라도의 두 번째 역할은 그 예수님을 십자가에 매다는 일, 즉 사형을 언도하고 집행하는 일이었습니다. 그의 책임 하에서 예수님은 사형당하셨습니다. 유대의 총독은 로마 군인 입장에서 보면 그다지 높거나 중요한 자리가 아니었습니다. 그런 권력 앞에 예수님은 자신을 한 없이 낮추셨습니다. 더 이상 낮출 수 없을 만큼 낮추셨습니다. 예수님께서 보실 때, 그 어마어마한 대로마제국의 황제도 우스운데, 그가 보낸 변방의 작은 나라를 책임지는 총독이야 얼마나 낮은 자리입니까? 하지만 예수님은 그 앞에 엎드려, 그의 권위에 순종하십니다. 그의 재판을 받아들이셨습니다. 그 빌라도 배후에 계신 하나님을 보았기 때문입니다. 예수님은 지금 이 빌라도의 재판을 하나님의 재

판으로 받아들이셨습니다.

빌라도가 예수님을 사형시킬 권한이 있다고 으스대자 주께서 이렇게 답하셨습니다.

> 위에서 주지 아니하셨더라면 나를 해할 권한이 없었으리니
>
> (요한복음 19:11)

정리하면 이렇습니다.

"예수님께서 별 하찮은 권력을 가진 빌라도 앞에서 대꾸도 제대로 못하시면서 자신을 낮춰서 죄인으로 벌을 받으신 이유는, 진짜 죄인이기에 감히 고개도 못 들고 꼼짝없이 부끄러움과 고통을 당해야 할 우리가 영광스런 하나님 앞에서 당당하게 고개를 들고, 들어가되, 재판을 받지 않게 하시기 위해서였습니다."

"빌라도 치하에서!"

빌라도를 비난하기 위한 말이 아니라, 우리를 위한 그분의 구원을 설명하기 위한 표현입니다. 주님이 얼마나 당신을 낮추셨는지를 잘 보여주고 있습니다. 주께서 하찮은 권력을 가지 빌라도 앞에 한없이 낮아지심은, 하나님 보좌 앞에서 벌벌 떨 수밖에 없는 우리를 당당하게 그 앞에 설 수 있게 해주기 위해서입니다.

3. 왜 하필 십자가에서 죽으셨을까요?

왜 십자가일까요? 다른 방법으로 돌아가실 수도 있었지 않습니까?

하이델베르크 39문답입니다.

> 39문: 그리스도께서 "십자가에 못 박히심"은
>   달리 돌아가신 것보다 특별한 의미가 있습니까?
>
>   답: 그렇습니다.
>   십자가에 달린 자는
>   하나님께 저주를 받은 자이므로
>   그가 십자가에 달리심은
>   내게 임한 저주를 대신 받은 것이라고
>   나는 확신하게 됩니다.

십자가가 아닌 다른 방법은 없었을까요? 사실 인간들이 사람을 고문하고 사형하는 방법을 너무 많이 고안해냈습니다. 십자가도 잔인한 방법이지만, 그보다 더 잔인한 방법도 많다고 합니다.

그런데 왜 예수님은 십자가에 달리셔야 했을까요? 하나님은 왜 그런 방법으로 우리 대신 예수님이 죽게 하셨을까요?

성경 두 구절을 보면 답이 나옵니다.

사람이 만일 죽을 죄를 범하므로 네가 그를 죽여 나무 위에 달거든 그 시체를 나무 위에 밤새도록 두지 말고 그 날에 장사하여 네 하나님 여호와께서 네게 기업으로 주시는 땅을 더럽히지 말라 나무에 달린 자는 하나님께 저주를 받았음이니라. (신명기 21:22, 23))

그리스도께서 우리를 위하여 저주를 받은 바 되사 율법의 저주

에서 우리를 속량하셨으니 기록된 바 '나무에 달린 자마다 저주 아래에 있는 자라' 하였음이라. (갈라디아 3:13)

십자가에 달려 죽으신 예수님. 그분이 우리가 받을 저주와 진노를 다 받으셨음을 십자가가 잘 보여줍니다. 나무로 된 십자가가 말입니다.

하나님은 우리 죄를 이처럼 싫어하시고, 화를 내십니다. 우리가 그 사실을 두려워하지 않고, 죄를 징그러워하지 않기 때문에 십자가가 얼마나 고마운 일인지 생각하지 못합니다. 예수님의 십자가는 하나님의 벌이며, 저주였습니다. 예수님께서 우리 죄를 '뒤집어쓰고' 받으신 벌이요, 저주였습니다. 그러나 그 십자가가 우리에게는 '은혜'입니다. 그리고 하나님의 능력입니다(고전 1:18). [사도신경]

✏️ 정리하며 나가기

1. 예수님은 왜 고난 받으셨습니까? 왜 죽음이라는 벌을 받아야했습니까?

2. 예수님은 우리의 화목제물이시라고 하이델베르크 교리문답 38문은 말하고 있습니다. 이 화목제물은 누구와 누구를 화해시키기 위한 제물입니까?

3. 우리 대신, 우리의 죄를 '뒤집어쓰고' 벌을 받으신 예수님 덕분에 우리는 하나님의 '_____'만 누릴 수 있습니다.

4. 빌라도의 두 가지 역할은 예수님의 _____ 입증과 동시에 예수님에게 유죄를 선고하고 사형을 집행하는 일이었습니다.

5. 본디오 빌라도 '치하(治下)에서' 고통 받으신 이유가 무엇입니까?

"예수님께서 별 하찮은 권력, 빌라도 앞에서 대꾸도 제대로 못하시면서 자신을 낮춰서 죄인으로 벌을 받으신 이유는, 진짜 죄인이기에 감히 고개도 못 들고 꼼짝없이 부끄러움과 고통을 당해야 할 우리가 하나님 앞에서 당당하게 고개를 들고, 들어가되, 하나님의 _____ 을 받지 않게 하시기 위해서였습니다."

6. 예수님께서 우리 대신 하나님의 진노를 받아 죽으셨습니다. 그런데 왜 하필이면 십자가에 달려 죽으셨을까요?

"우리 대신 하나님의 _____ 를 받으시기 위해서였습니다."

I. 성부 하나님
   1. 나는 전능하신 하나님 아버지, 천지의 창조주를 믿습니다.

II. 성자 하나님
   2. 나는 그분의 독생자 우리 주 예수 그리스도를 믿으오니,
   3. 그는 성령으로 잉태하여 동정녀 마리아에게서 나셨고,
☞ 4. 본디오 빌라도 치하에서 고난당하시고,
      십자가에 달리시고, 죽으시고, 장사되시고,
      음부에 내려가셨으며,
   5. 사흘 만에 죽은 자들로부터 부활하셨고,
   6. 하늘에 오르셨고,
      전능하신 하나님 아버지의 우편에 앉아 계시는데,
   7. 거기서 산 자들과 죽은 자들을 심판하러 오실 것입니다.

III. 성령 하나님
   8. 나는 성령을 믿습니다.
   9. 나는 거룩한 공교회와 성도의 교제와
   10. 사죄와
   11. 육의 부활과
   12. 영생을 믿습니다.   -아멘-

제10과

죽으시고 장사되시고

마태복음 27:46

들어가면서

소크라테스라는 그리스 철학자를 우리는 잘 압니다. '너 자신을 알라'라는 말뿐 아니라 죽음을 맞는 그의 당당한 자세를 들어 알고 있습니다. 죽음 앞에서 초연했습니다. 흔들리지 않았습니다. 자기에게 내려진 사약을 마신 후, 제자에게 자기가 빌린 이웃집 닭 한 마리를 갚아달라고 부탁하고 숨을 거두었습니다.

이에 비하면 예수님은 죽음 앞에서 심하게 초조한 모습을 보입니다. "이 잔이 제게서 지나가게 해주십시오." 쉽게 말하면, 이 죽음을 피하고 싶다는 말이었습니다.

왜 그러셨을까요? 자기 나름의 소신을 가진 이 세상의 철학자나 영웅만큼도 죽음 앞에서 당당하지 못한 예수님, 우리는 이 예수님을 우리의 '구주'라고 믿고 고백하고 있는 걸까요?

그분의 죽음, 그 깊은 의미를 짚어 봅시다. 죽음 앞에서 초연할 수 없었던 이유를 알 수 있습니다.

1. 죽음은 죄 때문에 이 세계에 들어왔습니다.

하나님께서 사람을 창조하셨을 때, 인간이 죄를 짓지도 않았을 때는 인간에게 죽음이 없었습니다. 인류의 첫 조상 아담과 하와가 하나님께서 금하신 선악과를 따 먹는 죄를 지음으로써 인간에게는 죽음이 시작됩니다.

하나님께서 주신 경고를 그대로 들어봅시다. 창세기 2:17입니다.

선악을 알게 하는 나무의 열매는 먹지 말라 네가 먹는 날에는 반드시 죽으리라 하시니라.

아담의 모든 후손은 죄인으로 태어나고 죄인으로 삽니다. 그래서 모두가 죽음을 피할 수 없게 되었습니다.

2. '죽음'이란 이 벌을 대신 받는 방법을 하나님께서 주셨습니다.

죄는 죽음이 아니고서는 갚을 길이 없습니다. 히브리서는 이 점을 이렇게 말합니다. 9:22입니다.

피 흘림이 없은즉 사함이 없느니라.

사람이 그 죄를 용서 받기 위해서는 누군가가 죄를 대신 뒤집어쓰고 죽어야만 합니다.

(1) 구약시대는 짐승이 대신 죽었습니다.

구약성경을 보면 죄 지은 사람을 대신해서 짐승이 '죽음'의 벌을 받습니다. 출애굽기 뒷부분에서 레위기에 걸쳐서 이 '희생 제사'의 법칙은 꽤 복잡합니다. 하지만 원리는 간단합니다.

"사람의 죄를 이 가축들이 대신 뒤집어쓰고 죽는다."

하지만, 생각해 봐야 할 문제가 있습니다. 송아지가 아무리 비싸고 귀하다고 해도, 사람을 대신할 정도로 값어치가 있을까요? 뭐로 사람의 목숨을 대신할 수 있습니까? 당연히 없습니다. 그러면 왜 짐승이 사람 '대신' 죽는다는 게 말이 될까요? 안 되지요. 그래서 다음 단계로 넘어갑니다.

(2) 죄 없는 사람이 대신 죽는 방법이 있습니다.

사람은 누구나 죄인입니다. 그러니까 자기 죄 때문에 죽기도 벅찹니다. 그러니 다른 사람의 죄를 대신 뒤집어쓰고 벌을 받으려면 자신이 죄가 없어야 합니다.

그래서 죄 없으신 예수님, 하나님의 아드님이 세상에 오셨습니다. 오시되, 사람으로 오셨습니다. 하지만 결코 다른 사람들처럼 죄는 없으셨습니다. 죄를 지으신 적이 없으십니다. 그래서 죽음이란 벌을 받아야 할 우리 대신 죽으셨습니다.

성경 곳곳에서 이 사실을 증언하고 있습니다만, 로마서 5장으로만 설명해 봅시다. 6절~10절입니다.

우리가 아직 연약할 때에 기약대로 그리스도께서 경건하지 않은 자를 위하여 죽으셨도다. 의인을 위하여 죽는 자가 쉽지 않고 선인을 위하여 용감히 죽는 자가 혹 있거니와 우리가 아직 죄인 되었을 때에 그리스도께서 우리를 위하여 죽으심으로 하나님께서 우리에 대한 자기의 사랑을 확증하셨느니라. 그러면 이제 우리가 그의 피로 말미암아 의롭다 하심을 받았으니 더욱 그로 말미암아 진노하심에서 구원을 받을 것이니 곧 우리가 원수 되었을 때에 그의 아들의 죽으심으로 말미암아 하나님과 화목하게 되었은즉 화목하게 된 자로서는 더욱 그의 살아나심으로 말미암아 구원을 받을 것이니라.

앞의 내용을 정리해볼까요?

1) 조국을 위해서 목숨을 버리는 사람도 있습니다. 전철에 떨어진 사람을 살리려다가 자기 목숨을 잃는 사람도 혹 있습니다. 그런데, 자기 원수를 위해서 죽는 사람이 있습니까? 없습니다.

2) 우리는 어떤 존재입니까? 우선 '연약한' 사람들입니다. 그 다음은 '경건치 않은', 즉 하나님을 닮지 못한 사람들입니다. 죄인들입니다. 뭣보다, 하나님의 원수들입니다. 죄가 우리와 하나님을 원수가 되게 합니다.

3) 그런 우리를 위해서, 우리 대신 예수님은 피 흘리고 죽으셨습니다.

4) 그래서 하나님은 사랑이십니다. 원수인 우리를 위해서 아드님을 대신 죽게 하신 방법으로 우리를 사랑하셨습니다. 벌은 예수님이 받고, 사랑은 우리가 받게 하셨습니다. "하나님은 사랑이시다."라는 말을 우리가 얼마나 깊이 생각하고 해야 하는 지를 잘 보여주는 말씀입니다.

5) '피'를 언급하고 있습니다. 그냥 '죽음'이라고만 하지 않고, 왜 꼭 '피'를 보여줄까요? TV에서도 사람이 피를 많이 흘리는 장면은 안

보여주려고 흐릿하게 합니다. 그런데 왜 성경은 꼭 잔인하게 피를 자세히 설명해서 보여줄까요?

죄가 그만큼 무서우며, 그 벌인 죽음도 무섭다는 사실을 확실하게 보여주기 위해서입니다.

3. 하나님의 진노의 무게

그러면 이제 처음에 했던 질문에 답해 봅시다. 예수님은 죽음을 앞에 두고 왜 그렇게 떨었을까요?

예수님의 죽음은 우리의 죽음을 대신한 형벌의 죽음입니다. 우리가 서야할 죽음 앞에 서셨습니다. 그래서 예수님은 슬퍼 죽을 지경이 되시고, 겁에 질려 숨이 멎을 거 같은 심정이 됩니다.

1) 마가복음 14: 33-34

베드로와 야고보와 요한을 데리고 가실새 심히 놀라시며 슬퍼하사 말씀하시되 내 마음이 심히 고민하여 죽게 되었으니 너희는 여기 머물러 깨어 있으라 하시고

이 말씀을 하시고 예수님은 이 잔이 지나가기를 기도하십니다. 즉 죽음을 피하고 싶으셨습니다.

아니, 우리를 사랑하시는데, 왜 우리 대신 죽는 일을 피하려 하셨을까요? 우린 여기서 이 한 가지만 기억하면 됩니다. 예수님은 우리와 달리 하나님께 받는 벌이 얼마나 무거운지를 아십니다. 그러니까 그렇게 두려워하고, 슬퍼하고, 고민해서 죽을 지경에 이르셨습니다.

이를 웨스트민스터 대교리문답 49문답은 "하나님의 진노의 무

게를 느끼셨다."라고 표현했습니다. 죄에 대한 하나님의 진노가 얼마나 무서운지를 알기에 예수님은 떨었습니다. 우리가 몸으로 받아내야 할 그 무서운 진노를 예수님은 온 몸으로 받아내셔야 했기에 그렇게 무서워 하셨습니다.

2) 마태복음 27:46

제 구시쯤에 예수께서 크게 소리 질러 이르시되 "엘리 엘리 라마 사박다니?" 하시니 이는 곧 "나의 하나님, 나의 하나님, 어찌하여 나를 버리셨나이까?" 하는 뜻이라.

예수님께서 십자가에서 외치신 말씀입니다. 물어봅시다. 하나님께서 이 십자가에 달린 예수님을 정말 버리셨을까요? 아니라구요? 그럼 예수님은 왜 저렇게 소리 지르셨을까요?

버리셨습니다. 하나님께서 이 순간만큼은 예수님을 버리십니다. 왜요? 죄 때문입니다. 예수님은 지금 우리를 대신해서 벌 받고 계시기 때문입니다.

만약 지금 하나님께서 예수님을 버리지 않으셨다면, 우리는 영원히 하나님께 버림 받아야 합니다. 예수님은 지금 우리가 받을 하나님의 진노를 받아내고 계십니다. [사도신경]

✎ 정리하며 나가기

1. 예수님은 죽음 앞에서 왜 소크라테스만큼의 용기도 없었을까요?

2. 죽음은 왜 사람에게, 사람들 틈에 들어왔습니까? 죽음의 원인이

무엇입니까?

3. 죄에 대한 벌을 남에게 넘길 수 있는 방법을 하나님께서 마련하셨습니다. 구약 시대에는 누구에게 넘겼습니까?

4. 그 방법이 완전했을까요?

   이는 황소와 염소의 _____ 가 능히 죄를 _____ 하지 못함이라.(히브리서 10:4)

5. 그러면 완전한 방법은 뭡니까? 바로 죄 없는 _____ 의 피, 즉 _____ 의 죽음입니다. 이것이 바로 사도신경이 고백 하는 그리스도의 죽음의 의미입니다.

6. "하나님은 당신을 사랑하십니다."
   교회에서 참 자주 듣는 말입니다. 이 하나님의 사랑이 현실이 되기 위해서 그리스도는 우리 대신 하나님의 진노를 받아내셔야 했습니다. 십자가에 달려 죽기 전날 밤 기도에서 예수님은 이 진노를 어떻게 느끼셨습니까?

   _____ 슬퍼하사 말씀하시되 내 마음이 심히 고민하여
   _____ 되었으니(마가복음 14: 33-34)

7. 우리 주님께서 십자가에서 경험하신 하나님의 진노, 그 절정은 바

로 이 외침이었습니다.

"엘리 엘리 라마 사박다니?"
그 뜻을 우리는 잘 압니다.

하나님은 이 순간 정말 예수님을 버리셨습니까?
왜 그러셨지요?

2004년에 나온 '패션 오브 크라이스트'라는 영화가 있습니다. '그리스도의 고난'이라는 뜻의 이 영화는 놀랍게도 19세 관람불가, '19금'이었습니다. 이상하지 않습니까? 예수님께서 채찍에 맞고 십자가에 달려 죽으시는 이 '경건한' 영화가 왜 19금이죠?

짐작하셨습니까? 그 잔인성 때문입니다. 피가 너무 많이 흐르기 때문입니다. 채찍에 맞을 때부터 피가 튀기 시작하다가 복음송 가사처럼 '세 개의 못'이 주님을 십자가에 고정시킨 후에는 십자가는 아예 '피로 찌들어' 갑니다.

피! 이 끔찍한 말, 참혹한 그림. 십자가의 피는 '하나님의 진노'의 무게를 잘 보여주고 있습니다. 예수님은 하나님의 진노의 무게에 민감하셨습니다. 그래서 하나님의 진노인 그 십자가를 그렇게 두려워하셨습니다. 하지만, 무디어 빠진, 무식한 우리는 그 진노를 다 알지 못합니다. 그러니, 이 피를 보고서라도 그 진노의 무게를 느끼기를 원하십니다. 하나님의 형벌을 무서워하라고 하십니다.

I. 성부 하나님
    1. 나는 전능하신 하나님 아버지, 천지의 창조주를 믿습니다.

II. 성자 하나님
     2. 나는 그분의 독생자 우리 주 예수 그리스도를 믿으오니,
     3. 그는 성령으로 잉태하여 동정녀 마리아에게서 나셨고,
☞ 4. 본디오 빌라도 치하에서 고난당하시고,
        십자가에 달리시고, 죽으시고, 장사되시고,
        음부에 내려가셨으며,
     5. 사흘 만에 죽은 자들로부터 부활하셨고,
     6. 하늘에 오르셨고,
         전능하신 하나님 아버지의 우편에 앉아 계시는데,
     7. 거기서 산 자들과 죽은 자들을 심판하러 오실 것입니다.

III. 성령 하나님
     8. 나는 성령을 믿습니다.
     9. 나는 거룩한 공교회와 성도의 교제와
     10. 사죄와
     11. 육의 부활과
     12. 영생을 믿습니다.   -아멘-

제11과

음부에 내려가심

사도행전 2:24

들어가면서

▶ "음부에 내려 가셨으며" 이건 무슨 뜻이죠? 이거 사도신경에 없던데?

▶ 음부, 거긴 뭐하는 데며, 예수님은 거기엘 왜 가셨대요?

▶ 혹시 이 음부가 '지옥'이랑 같은 말인가요? 영어 사도신경에는 분명히 지옥에 내려가셨다고 나오는데(he descended to hell) 아, 그러면 예수님이 우리 대신 지옥까지 가셨다는 뜻이에요?

▶ 그런데, 이 '음부에 내려가심'이 성경에는 있나요? 성경에 없는 내용이라서 지금 우리가 쓰는 사도신경에 없다는 말도 있던데... 그런가요?

1. 성경의 '음부'

우리의 교리는 반드시 성경에 기초해야 합니다. 성경에 기초하지 않은 교리는 사람의 견해이며 주장일 뿐입니다. 성경은 이 음부를 뭐라고 말하고 있습니까?

(1) 구약의 음부, 스올

'음부'는 구약 성경의 원래 언어인 히브리어로 '스올'입니다. 예전에 쓰던 '개역'에는 음부로 번역되어 있었는데, 어떤 번역 원칙 때문인지는 모르나, 지금 쓰는 성경(개역개정)에는 다 '스올'로 번역되어 있습니다.

1) 구약의 '스올'의 의미를 시편 한 구절을 통해 파악해봅시다. 116:3입니다.

사망의 줄이 나를 두르고 스올의 고통이 내게 이르므로 내가 환난과 슬픔을 만났을 때에

히브리 말, 특히 시에서는 한 가지 단어를 반복해서 쓰지 않고 같은 뜻의 다른 말로 바꾸어서 씁니다. 위의 시에서 '사망의 줄'과 '스올의 고통'이 같은 의미의 다른 표현이라 볼 수 있습니다. 그렇다면 '스올'은 '사망'과 비슷한 뜻, 혹은 그보다 좀 더 깊은 의미를 뜻합니다.

2) 요나의 스올

"도망가는 선지자"로 유명한 요나의 이야기에서도 이 '스올'이 등장합니다. 그는 하나님의 뜻과 다른 길로 가다가 바다에서 풍랑을 만납니다. 아니 하나님께서 바람을 그 배에다 정확히 때리셨습니다. 결국 요나는 그 바다에 던져지고, 결국 물고기 뱃속에 들어가게 됩니다. 거기에서 하나님을 찾고 기도를 올립니다.

이르되 내가 받는 고난으로 말미암아 여호와께 불러 아뢰었더니 주께서 내게 대답하셨고 내가 스올의 뱃속에서 부르짖었더니 주께서 내 음성을 들으셨나이다.(요나서 2:2)

요나가 물고기 뱃속에서 기도했습니다. 그곳은 사실상 무덤이었습니다. 물고기 뱃속에 있는 사람에게 기적이 아니면 다시 살 길이 없습니다. 그러므로 거기는 무덤이나 다를 바 없습니다. 이처럼 요나의 스올도 곧 무덤이었습니다.

(2) 신약의 '음부'

신약에서 이 음부의 의미를 가장 잘 보여주는 성경은 바로 요한계시록입니다. 네 번 음부가 나오는데, 네 번 다 '사망'과 함께 나옵니다. 세 번은 '사망과 음부'로 나오고 나머지 한 번, 계시록 6:8은 이렇게 되어 있습니다.

내가 보매 청황색 말이 나오는데 그 탄 자의 이름은 사망이니 음부가 그 뒤를 따르더라.

청황색 말을 탄 기사(騎士)가 말을 몰아 세상에 재앙을 내리는데, 그 기사의 이름이 사망입니다. 그리고 그를 '음부'가 따라 갑니다. 뭐겠습니까? 사망 뒤에 뭐가 있습니까? 사람이 죽으면 어디로 갑니까? 예, 무덤입니다.

이렇게 신약에서 내린 결론으로 구약의 익숙지 않은 언어 '스올'의 뜻도 짐작할 수 있습니다. 앞서 살펴본 시편 116:3의 스올의 고통이란 바로 '무덤의 고통'입니다.

2. 예수님이 내려가신 음부

그러면 예수님이 음부에 내려가셨다는 말은 무슨 뜻일까요? 음부가 무덤을 뜻한다면 예수님이 무덤에 내려가셨다는 말인데, 그게 우리에게 어떤 의미가 있어서 이 고백을 해야 할까요?

먼저, 웨스트민스터 대교리문답이 어떻게 규명하고 있는지 살펴보겠습니다.

> 문50: 그리스도께서 죽으신 후에 어떻게 낮아지셨습니까?
>
> 답: 그리스도께서는 죽으신 후에 장사[매장]되셨고,
>
> 제 삼일까지 죽은 자의 상태로
>
> 사망의 힘에 눌려 계셨습니다.
>
> 이를 다른 말로
>
> "그가 음부에 내려가셨다"고 표현했습니다.

죽으신 후에 무덤에 내려가신 상태, 즉 죽음의 힘에 꼼짝없이 묶여 계심. 이것이 '음부에 내려가셨다'는 우리의 신앙 고백의 의미입니다.

사도 베드로는 이를 '사망의 고통'이라 불렀습니다. 한번 볼까요?

그가 하나님께서 정하신 뜻과 미리 아신 대로 내준 바 되었거늘 너희가 법 없는 자들의 손을 빌려 못 박아 죽였으나 하나님께서 그를 사망의 고통에서 풀어 살리셨으니 이는 그가 사망에 매여

있을 수 없었음이라. (사도행전 2:23-24)

음부에 내려가심, 더 깊은 의미

예수님께서 왜 건장한 청년, 혹은 장년의 모습으로 구름을 타고 내려오지 않으시고 마리아의 뱃속에 잉태되어서 태어났어야 했는가? 우리는 이 질문에 답을 해 본 적이 있습니다. 하이델베르크 36문답이었지요?

36문: 그리스도의 거룩한 잉태와 탄생은
　　　 당신에게 어떤 유익을 줍니까?

　답: 그리스도는 우리의 중보자이시므로
　　　　잉태되고 출생할 때부터 가지고 있는 나의 죄를
　　　그의 순결함과 온전한 거룩함으로
　　　　하나님 앞에서 가려 줍니다.

인간은 어머니의 뱃속에 잉태될 때부터 이미 죄인입니다. 죄를 지었기 때문에 죄인인 게 아니라, 잉태될 때부터 죄인이기 때문에 인간은 죄를 짓습니다.

예수님은 우리 대신 하나님 앞에 서서 벌 받기 위해 사람으로 태어나셨습니다. 그분은 우리의 모든 죄를 하나님 앞에서 가려주시기 위해서 우리와 같은 모양으로 어머니의 뱃속에 잉태되셨습니다. 그리고 그 예수님은 죄인인 우리의 마지막 자리, 즉 무덤에까지 내려가셨습니다. 단순히 무덤에 들어가기만 하시지 않았습니다. 그 무덤에 묶여 계셨습니다. 음부에 갇혀 계셨습니다. 죄 때문에 죽어야 하고,

그 죽음의 권세에 눌리고 갇힌 채 썩어가야 할 가련한 죄인을 거기에서 풀어주시기 위해서 그 '음부', 곧 무덤의 올무에까지 내려가서 갇히셨습니다. 우리가 받아야 할 벌을 받으시기 위함이며 동시에 거기서 구원하시기 위해서였습니다.

자, 얼마나 중요한 고백입니까! 결코 뺄 수 없는 중요한 고백임이 느껴지시나요?

3. 장사(葬事)되심과 '음부에 내려가심' 연결

그리스도의 죽으심 다음에 '장사되심'을 우리는 고백합니다. 그 다음에 '무덤'의 권세에 묶여 계심을 고백하면, 순서상 적절합니다.

예수님은 죽으신 후에 무덤에 묻히셨습니다. 이는 예수님의 죽음이 결코 착각이 아님을 증명합니다. 초대교회는 오랫동안 '영지주의'라는 이단에 시달렸습니다. 영지주의란 영과 정신은 선하고 육체와 물질은 악하다는 생각에서 출발하는 철학 사조입니다. 이 철학이 교회 안에 들어와서 성경도 그 틀에 맞춰서 해석함으로써 교회를 혼란케 했습니다.

이런 영지주의자들은 예수님께서 육체로 오셨다는 사실을 부정했습니다(요일 4:2 참조). 그러니 예수님께서 죽으셨다는 말도 그들에게는 우스웠습니다. 이들에 대한 반박이 사도신경에도 여러 구절에서 나타납니다만, '장사되셨다'는 이 구절에서도 잘 나타납니다.

예수님은 '정말' 죽으셨습니다. 그래서 무덤에 들어가셨습니다.

Hell?

영어 사도신경에는 이 음부를 지옥(Hell)으로 번역했습니다. 음부에 해당하는 마땅한 말이 없어서가 아닐까 생각합니다. 하지만 음부를 Hell로 번역하는 순간 의미가 모호해져버렸습니다. '지옥'은 적절한 말이 아닙니다. 음부는 단지 무덤이며, 그 무덤이 상징하는 죽음의 세력입니다.

"예수님이 우리가 가야 할 지옥까지 가셨다." 음부에 내려가심을 이런 식으로 이해하려는 경향이 있습니다. 은혜로운 말 같지만, 성경에 있는 표현은 아니므로 주의해야 합니다.

다른 견해들

우리가 내린 결론으로 충분하지만, 이 구절에 대한 다른 견해들이 있어서 간단히 정리를 해보겠습니다.

1) "예수님이 겪은 '지옥 같은 고통'. 예수님의 영혼이 당한 고통은 '지옥과 다름없는 고통'이다. 그래서 이를 '지옥에 내려가셨다'는 말로 고백한다."

칼뱅이 이 견해를 지지합니다. 이 견해를 따르면 '음부'를 '지옥'으로 번역해도 크게 문제 되지는 않습니다. 하이델베르크 교리문답도 이 견해를 따르고 있습니다.

하지만 사도신경에서 이미 예수님의 고난을 다 설명했는데, 무덤에 묻히심 다음에 다시 그 고난 전체를 설명한다고 보기는 어렵습니다. 사도신경의 구조가 흐트러지게 됩니다.

2) "지옥에 내려가셔서 예수님께서 십자가에서 승리하셨음을 선포하셨다."고 보는 견해.

루터가 이렇게 이해했습니다. 이 견해는 사도신경 전체의 구조와 맞지 않습니다. 그리스도의 부활이 있기 전에 이미 승리를 언급하고 있다고 보기에는 무리가 갑니다.

3) 천주교의 견해, "연옥(煉獄)"

사실 이 '음부에 내려가심'에 대해 기독교가 거부감을 갖는 이유는 바로 천주교의 견해 때문이라 볼 수 있습니다. 십자가에서 죽으신 예수님의 영혼이 지옥의 변두리인 연옥에 가셔서, 거기에 갇혀있는 영혼을 구원해서 하늘로 인도하셨다고 봅니다. 그 영혼들은 세례를 받지 못하고 죽은 아기들, 구약의 성도들입니다.

간단하게 반박하자면, 전혀 성경적인 근거가 없습니다.

참고로, 한국천주교는 이 '음부'를 '저승'으로 번역합니다. 천주교에서 쓰는 성경에서도 마찬가지이구요. 우리말 '저승'이 과연 이 '음부'를 담아내기에 충분한 용어인지 모르겠습니다.

이 구절은 빼야 할까요?

아닙니다. 온 세계 교회가 거의 다 이 고백을 합니다. 한국교회에서도 초창기에 이 구절이 포함된 사도신경을 고백했습니다. 그러다가 1908년에 찬송가를 만들면서 첨부한 사도신경에서부터 빠지기 시작했습니다. 우리 민족이 가진 '저승'에 대한 정서와 유사해서 오해의 소지가 있어 뺐다는 설이 있습니다. 그리고 감리교의 반대 때문이기도 한 거 같습니다. 사도신경

✏️ 정리하며 나가기

1. '음부', '스올'의 기본적인 뜻은 무엇입니까?

2. 예수님께서 그 음부에 내려가셨다는 고백은 어떤 깊은 의미를 담고 있습니까?

   (1) 사도 베드로는 이를 "사망의 _____"이라 불렀습니다.

   (사도행전 2:24)

   (2) 웨스트민스터 대교리문답 50문답

   그리스도는 죽으신 후에 장사[매장]되셨고,

   제 삼일까지 죽은 자의 상태로

   사망의 _____ 에 눌려 계셨습니다.

   이를 다른 말로

   "그가 음부에 내려가셨다"고 표현했습니다.

3. 예수님은 어머니의 태중에서부터 가진 우리의 죄와 부끄러움을 가려주시기 위해서 마리아의 태중에 잉태되시고 태어나시는 과정을 겪으셨습니다. 그러면 죄의 결과인 죽음과 무덤의 권세에서 우리를 구원하시기 위해서는 어떻게 하셨습니까?

I. 성부 하나님
   1. 나는 전능하신 하나님 아버지, 천지의 창조주를 믿습니다.

II. 성자 하나님
   2. 나는 그분의 독생자 우리 주 예수 그리스도를 믿으오니,
   3. 그는 성령으로 잉태하여 동정녀 마리아에게서 나셨고,
   4. 본디오 빌라도 치하에서 고난당하시고,
      십자가에 달리시고, 죽으시고, 장사되시고,
      음부에 내려가셨으며,
☞ 5. 사흘 만에 죽은 자들로부터 부활하셨고,
   6. 하늘에 오르셨고,
      전능하신 하나님 아버지의 우편에 앉아 계시는데,
   7. 거기서 산 자들과 죽은 자들을 심판하러 오실 것입니다.

III. 성령 하나님
   8. 나는 성령을 믿습니다.
   9. 나는 거룩한 공교회와 성도의 교제와
   10. 사죄와
   11. 육의 부활과
   12. 영생을 믿습니다.   -아멘-

제12과
예수님의 부활
로마서 4:25

들어가면서

십자가에 달려 죽으시고 무덤의 권세에 갇혀 계시기까지 하셨던 예수님은 이제 부활하셨습니다.

그런데, 예수님을 가리켜 '부활의 첫 열매'라고 합니다(고린도전서 15:20). 예수님 이전에는 부활한 사람이 없습니까? 왜 예수님을 첫 열매라고 하죠?

교회당마다 가장 높은 곳에 십자가가 달려 있습니다. 기독교의 상징이라 할 수 있습니다. 그렇다면 "우리는 십자가를 믿습니다."라는 말로 충분할까요? 믿음을 가장 많이 강조하는 로마서를 읽어보면, 오히려 부활을 강조하는 것 같은데...

그렇다면 예수님의 부활은 우리에게 어떤 의미가 있을까요? 우리 죄를 대신한 그리스도의 십자가를 생각하면서 눈물 흘리는 성도들은 많습니다. 그렇다면 그리스도의 부활도 우리에게 그런 감격이나 기쁨을 줍니까?

이제 하나씩 풀어봅시다.

1. 예수님은 부활의 첫 열매입니다.

이런 질문에서 시작해 봅시다. 성경에 예수님 이전에는 다시 살아난 사람이 없었습니까? 예수님 이후에는 없었습니까?

열왕기, 즉 이스라엘의 역대 왕들의 행적을 기록한 책, 그 하편 13:20~21을 보면 이런 특별한 기적이 있습니다. 엘리사라는 이스라엘의 유명한 선지자의 무덤이 있었습니다. 거기에 다른 사람의 시체를 던져 넣었습니다. 이스라엘의 무덤은 동굴 모양이었습니다. 엘리사 선지자의 동굴 무덤에 시체를 던져 넣자 시체가 그 선지자의 뼈에 닿았습니다. 그 순간 그 사람이 살아났습니다.

신약 성경에서는 우리가 너무 잘 아는 나사로의 부활이 있습니다. 그는 죽은 지 4일이 되어서 시체 썩는 냄새까지 이미 나고 있었습니다. 예수님께서 그 사람도 다시 살리셨습니다(요한복음 11장). 이런 사람들의 부활과 예수님의 부활은 어떤 차이가 있을까요?

부활의 첫 열매이신 주님

첫 열매란 말 그대로 처음 익은 열매입니다. 햇볕이 쨍한 가을날, 사과밭에 빨간 사과가 하나 보이면 사과를 딸 계절이 시작된 겁니다. 다른 사과들도 점점 빨갛게 익어 가면 사과를 따 들이는 농부의 손길이 곧 바빠집니다. 첫 열매는 추수의 시작을 알리는 신호탄입니다.

예수님이 부활의 첫 열매라고 합니다(고전 15:20, 23). 예수님 이전의 부활은 부활이 아닙니다. 예수님의 부활과 다릅니다. 그들의 부활은 단순히 '생명의 연장'입니다. 결국 다시 죽었으니, 죽음을 이긴 부활은 아니었습니다. 하지만 예수님은 '전혀 새로운 몸'으로 부활하셨습니다. 다시는 죽을 수 없는 몸이 됩니다, 즉 죽음을 이겨버린 부활이었습니다. 그래서 '사망을 이기신 부활'입니다.

나사로는 분명 다시 죽었습니다. 예수님께서 그를 다시 살리실 때, 죽음은 한동안 저만치 물러나 있었습니다. 하지만 지금 분명 살아있지 않습니다. 다시 죽었습니다. 그분이 살아있다면, 기네스북에 올랐겠지요. 하지만 그런 얘기는 없습니다. 현재까지 예수님만 온전히 부활하셨습니다.

2. 예수님의 부활은 예수님의 칭의입니다.

예수님은 왜 빌라도 치하에서 고난 받으시고, 그리고 치욕의 십자가에서 저주스러운 모습으로 죽어야 했습니까? 죄 때문입니다. 우리의 죄를 짊어지시고 죄인처럼 죽으셔야 했습니다. 그래서 그 죄 때문에 무덤에 묶여 계시기까지 했습니다. 다시 말하면 '무덤에 머물러 계신 예수'는 "죄를 이기지 못한 예수, 여전히 죄를 짊어지고 있는 예수"입니다.

하나님께서 예수님을 살리셨습니다. 왜냐하면 이제 예수님의 짊어지신 우리의 죄는 다 용서되었기 때문입니다. 더 이상 죄의 형벌인 죽음에 매여 계실 이유가 없어졌습니다. 그래서 하나님께서 그를 죽음의 고통에서 풀어주시고 살리셨습니다.

사도 베드로의 첫 설교를 들어봅시다. 사도행전 2:24입니다.

하나님께서 그를 사망의 고통에서 풀어 살리셨으니 이는 그가 사망에 매여 있을 수 없었음이라.

요약하자면, 예수님의 부활은 예수님의 '무죄 증명'입니다. 우리의 죄를 짊어지셨지만, 우리의 죗값을 다 치르셨으므로 이제는 죄가 없으십니다. 그 무죄하심을 하나님은 그리스도를 다시 살리심으로써 증명하셨습니다. 디모데전서 3:16이 이를 잘 정리해주고 있습니다.

크도다! 경건의 비밀이여, 그렇지 않다 하는 이 없도다.
그는 육신으로 나타난 바 되시고 영으로 의롭다 하심을
받으시고 천사들에게 보이시고 만국에서 전파되시고
세상에서 믿은 바 되시고 영광 가운데서 올려지셨느니라.

육신으로, 사람으로 태어나셨던 예수님은 영(성령)으로 의롭다하심을 받으셨습니다. 성령께서 예수님을 의롭게 하셨다는 말입니다. 성령께서 예수님을 다시 살리심으로써 그분의 의로우심, 죄 없으심을 증명하셨습니다.

여기서는 성령께서 그리스도를 살리셨다고 말합니다. 참고로 예수님께서 스스로 다시 살아나실 것이라고 말씀하신 적도 있습니다(마가복음 9:31).

아무튼 그리스도의 부활은 그리스도의 무죄를 증명합니다. 이를 전문 용어로 '칭의(稱義)'라고 합니다.

정리해보죠. 그리스도의 부활은 그리스도의 칭의입니다. 그리스도의 부활이 단지 하나님이 능력이 있으셔서 죽음을 이겨내셨다는 정도의 의미만 있는 것은 아닙니다. 예수님은 우리의 죄를 짊어지고 무덤에까지 내려가셨습니다. 이제 그 죄가 다 사함 받았음을 하나님

께서 증명해주신 사건이 바로 부활입니다. 죄가 남아 있다면, 하나님
께서 다시 살리실 리가 없습니다. 이 점은 '하늘에 오르심'에 가면 그
의미가 더 분명해집니다.

3. 예수님의 부활은 우리의 칭의입니다.

예수님은 우리의 죄를 짊어지고 십자가에 오르셨고, 무덤에 내
려가셨습니다. 그분은 우리의 대표이십니다. 그런 예수님이 부활하
심으로써 무죄 증명이 되었습니다. 그러면 이제 우리도 무죄입니다.
우리도 의롭다고 여겨주십니다. 예수님은 우리를 의롭게 하시기 위
해서 부활하셨습니다.

로마서 4:25이 어떻게 말하는지 볼까요?

예수는 우리가 범죄한 것 때문에 내줌이 되고 또한 우리를 의롭
다 하시기 위하여 살아나셨느니라.

그러므로 예수님 안에 있으면 '의로운' 사람이 됩니다. 우리가 언
제 예수님 안에 들어갔습니까? 바로 세례 때입니다.

로마서 6:4이 잘 말해주고 있습니다.

그러므로 우리가 그의 죽으심과 합하여 세례를 받음으로 그와 함
께 장사되었나니 이는 아버지의 영광으로 말미암아 그리스도를
죽은 자 가운데서 살리심과 같이 우리로 또한 새 생명 가운데서
행하게 하려 함이라.

"그리스도와 합하여 세례를 받는다." 좀더 정확히 번역하면 '우리가 세례 받아서 그리스도 안으로 들어가서 합한다'는 뜻입니다. 그분 안에 들어가서 그리스도와 하나가 되었기 때문에 그리스도께서 부활을 통해서 의로우심이 증명되었다면 우리도 의롭습니다. 우리도 의인이 되었습니다.

축하합니다.

이래서 부활절은 그리스도께 축하드리는 날입니다. 그분의 무죄가 입증된 날입니다. 하나님의 아드님이심이 다시 증명된 날이기도 합니다. 그리고 동시에 그분 안에 있는 우리도 무죄함이 증명되었습니다. 그러므로 우리 스스로, 혹은 우리가 서로 이 부활을 축하합시다. 이제 부활절에는 이렇게 인사합시다.

"축하합니다."

4. 부활은 새 시대의 시작입니다.

새 시대, 하면 너무 가벼운 느낌이 듭니다. 대통령이 바뀌어서 취임하면, 취임사에서 나올 법한 문구로 들릴지 모르겠습니다. 하나님께서 창조하신 이 세상이 아담의 범죄 이후에 변형이 왔습니다. 인간이 하는 일을 자연이 거부하고 태클을 거는 일이 생기기 시작했습니다. 이제 땅이 가시와 엉겅퀴를 사람들에게 낸다(창 3:18)는 저주에 이 의미가 담겨 있습니다.

뿐만 아닙니다. 이제 하나님의 창조세계에 '죽음'이 들어왔습니다. 죄의 가장 중대한 결과입니다. 인간은 누구나 죄를 짓고 그 죄의 결과로 모두가 죽을 수밖에 없습니다. 이것이 '이 시대', '이 세상'의 모습입니다.

그런데 죄 때문에 죽은 한 인간이 그 죽음을 이기고 살아났습니다. 이 세대를 움직이는 "죄-죽음"이라는 사슬이 깨어졌습니다. 그 사슬을 이용해서 인간을 영원한 멸망으로 끌고 가던 마귀도 그 사슬이 깨지자 더 이상은 힘을 쓸 수 없게 되었습니다. 그러니까 "죄-죽음"이라는 사실이 지배하는 "이 세대"는 그리스도의 부활로 깨어졌습니다. 이 시대, 이 세대, 이 세상은 그래서 망했습니다. 이미 망했습니다. 이제는 '새 시대'가 시작되었습니다.

세상 마지막에 있을 부활

예수님의 부활이 '첫 열매'임을 앞서 살펴봤습니다. 이제 예수님 안에 있는 모든 사람들은 예수님의 몸처럼 부활합니다. 예수님께서 다시 이 땅에 오실 때, 그리스도를 믿고 죽은 모든 사람들은 다시 살아납니다. 물론 믿지 않은 사람도 다시 살아나지만 그들은 영원한 지옥에서 살게 됩니다.

그리스도인들, 사도신경의 내용대로 믿는 사람들은 영원히 새 하늘과 새 땅에서 그리스도와 함께 살게 됩니다. [사도신경]

✎ 정리하며 나가기

1. 예수님의 부활을 왜 부활의 첫 열매라고 합니까?

2. 예수님의 부활을 예수님의 무죄 증명, 즉 칭의라고 말한 이유를 생각해봅시다.

3. 예수님께서 왜 십자가에 달려 죽으셔야 했습니까? 왜 무덤에 묻히셔야 했습니까?

그 답을 할 수 있다면 우린 부활에 대해서도 말할 수 있습니다. 그리스도는 왜 부활하셨습니까? 우리의 칭의와 무슨 관계가 있습니까?

4. 우리는 언제 예수님 안에 들어갔습니까? 예수 안에 있는 사람들은 다 그리스도의 부활을 통해서 '의로워진다'고 했는데, 우리는 언제 예수님 안에 들어갑니까?

여러분은 예수님 안에 있습니까?

I. 성부 하나님
    1. 나는 전능하신 하나님 아버지, 천지의 창조주를 믿습니다.

II. 성자 하나님
    2. 나는 그분의 독생자 우리 주 예수 그리스도를 믿으오니,
    3. 그는 성령으로 잉태하여 동정녀 마리아에게서 나셨고,
    4. 본디오 빌라도 치하에서 고난당하시고,
        십자가에 달리시고, 죽으시고, 장사되시고,
        음부에 내려가셨으며,
    5. 사흘 만에 죽은 자들로부터 부활하셨고,
☞ 6. 하늘에 오르셨고,
        전능하신 하나님 아버지의 우편에 앉아 계시는데,
    7. 거기서 산 자들과 죽은 자들을 심판하러 오실 것입니다.

III. 성령 하나님
    8. 나는 성령을 믿습니다.
    9. 나는 거룩한 공교회와 성도의 교제와
    10. 사죄와
    11. 육의 부활과
    12. 영생을 믿습니다.   -아멘-

제13과

하늘에 오르신 예수님

히브리서 4:14

들어가면서

신앙고백은 단순히 하나님을 인정하는 정도가 아닙니다. 그 의의가 무엇인지를 알 뿐 아니라, 그 사실이 우리에게 어떤 유익이 있는지까지를 알고, 그렇게 고백해야 진정한 신앙고백입니다.

예수님께서 십자가에 못박혀 죽으셨다는 사실이 우리에게 어떤유익이 있는지를 우리는 잘 압니다. 그렇다면 부활은 어떤 의미가 있습니까? 그 유익이 무엇입니까? 이에 대해서 우리는 앞에서 살펴보았습니다. 부활은 그리스도의 칭의, 즉 무죄 증명이며 따라서 그분 안에 있는 우리의 칭의이기도 합니다.

그러면 예수님께서 하늘에 오르셨다는 사실이 우리의 신앙에 어떤 유익이 있습니까? 이 조항이 우리의 가슴을 뜨겁게 합니까? 예수님의 승천 사실을 안다고 해서 신앙고백을 제대로 하고 있다고 볼 수는 없습니다.

1. 승천의 의미

먼저 예수님의 승천에 대한 신앙고백이 얼마나 중요한지부터 살펴보겠습니다. 히브리서 4:14입니다.

그러므로 우리에게 큰 대제사장이 계시니 승천하신 이 곧 하나님의 아들 예수시라. 우리가 믿는 도리를 굳게 잡을지어다.

'믿는 도리'(homologia)는 한 단어로 되어 있습니다. homo라는 말에는 '한 가지', '같은'이란 뜻이 담겨 있습니다. 그래서 homologia(믿는 도리)는 '같은 내용을 말함'이란 뜻입니다.

이 말이 바로 '신앙고백'입니다. 신앙고백을 굳게 잡으라고 히브리서 설교자는 말하고 있습니다. 그렇다면, 어떤 신앙고백일까요? 4:14은 우리의 대제사장으로서 승천하신 예수님에 대한 신앙고백을 굳게 잡으라고 말하고 있습니다.

생각해보신 적이 있습니까? 예수님의 승천에 대한 신앙고백을 우리가 굳게 잡아야 한다는 사실. 십자가를 굳게 잡아야 한다고는 배웠는데, 승천을 이렇게 강조하는 말씀이 있다는 사실 자체가 낯설지는 않는지요?

자, 이제 이 교리를 굳게 잡기 위해서 우선, 그 의미를 자세히 살펴봅시다.

2. 승천하시는 모습
그럼 이제 그리스도께서 승천하시는 장면으로 가 봅시다.

(1) 사도행전 1:9~11
이 말씀을 마치시고 그들이 보는데 올려져 가시니 구름이 그를 가리어 보이지 않게 하더라. 올라가실 때에 제자들이 자세히 하늘을 쳐다보고 있는데 흰 옷 입은 두 사람이 그들 곁에 서서 이르되 "갈릴리 사람들아. 어찌하여 서서 하늘을 쳐다보느냐? 너희 가운데서 하늘로 올려지신 이 예수는 하늘로 가심을 본 그대로 오시리라 하였느니라."

여기서 주목해야 하는 문구는 '구름이'입니다. "예수님께서 하늘로 점점 올라가시다 보니 이제 꽤 높이 올라가셔서 구름 속으로 들어가셨다." 이렇게 생각하기 쉽습니다. 위에 있는 성경 본문을 다시 보십시오. '구름이' 다가와 예수님을 가렸습니다.

성경에서 구름은 대부분 '하나님의 영광'을 의미합니다. 하나님께서 이 자리에 와 계신다는 뜻이기도 합니다.

예를 들어보겠습니다. 모세가 성막을 완공하고 처음으로 하나님께 제물을 바칩니다. 그날 이 성막에는 구름이 가득히 드리워졌습니다. 그래서 모세가 그 성막(회막)에 들어가지도 못했습니다. 이 구름은 하나님께서 이 자리에 와 계시다는 표였습니다. 그래서 '임재의 구름'이라고 부릅니다. 이 구름이 덮힐 때, '여호와의 영광'이 충만했다고 말합니다(출 40:34-38).

그러니까 예수님께서 하늘에 오르실 때 구름이 와서 감쌌다는 말은 예수님께서 이 땅에 오시기 전의 원래 영광, 즉 하나님의 아드님으로서의 영광이 회복되었다는 뜻입니다.

다르게 표현하자면, 예수님께서 하늘에 올라가셨다는 말은 하나님께서 예수님을 기꺼이 받아주셨다는 뜻입니다. 그건 또 다르게 말하면 예수님의 무죄 증명, 즉 칭의의 계속이며 확증입니다. 부활을 통해서 의롭다는 인정을 하나님께 받으신 예수님을, 하나님은 하늘로 받아주셨습니다. 그 증거가 구름입니다. 하나님은 구름으로 예수님을 감싸주심으로써 예수님의 영광이 회복되었음을 보여줍니다.

(2) 예수님의 승천, 다른 기록을 보겠습니다. 누가복음 마지막 대목입니다.

> 예수께서 그들을 데리고 베다니 앞까지 나가사 손을 들어 그들에 게 축복하시더니 축복하실 때에 그들을 떠나 [하늘로 올려지시 니] 그들이 [그에게 경배하고] 큰 기쁨으로 예루살렘에 돌아가 늘 성전에서 하나님을 찬송하니라. (누가복음 24:50-53)

예수님께서 하늘에 오르실 때, 제자들에게 손을 들어 축복하셨습 니다. 이것이 제자들에게 남겨진 주님의 마지막 모습이었습니다. 제 자들이 주님을 기억할 때마다 늘, 지금도 우리에게 축복하시는 모습 으로 기억할 수밖에 없습니다.

지금 우리에게도 마찬가지입니다. 예수님은 지금도 당신의 교회 를 축복하고 계십니다.

3. 마무리
정리합시다.

부활은 주님의 칭의이며, 동시에 우리의 칭의입니다.

주님의 승천은 이 칭의의 확증이며, 계속입니다. 예수님께서 여 전히 죄가 있었다면, 우리의 죄를 뒤집어 쓴 채로 그대로 있다면, 예 수님은 하늘에 들어가실 수 없습니다. 죄인은 하나님 앞에 갈 수 없으니까요. 예수님께서 하나님 앞에, 하늘 성전에 들어가신 것을 보면 분명 하나님께서 예수님을 의롭다고 인정하셨습니다.

그러므로 예수님 안에 있는 우리는 예수님을 따라서 하나님의 은혜의 보좌, 시은좌 앞으로 담대히 들어갈 수 있습니다.

> 그러므로 우리는 긍휼하심을 받고 때를 따라 돕는 은혜를 얻기 위하여 은혜의 보좌 앞에 담대히 나아갈 것이니라. (히브리서 4:16)

[사도신경]

✏️ 정리하며 나가기

1. 히브리서 4장은 우리의 '믿는 도리'를 굳게 잡으라고 합니다. 이는 신앙고백을 뜻하는 말인데, 특별히 무엇에 관한 교리를 굳게 잡으라는 말이었습니까?(히 4:14)

2. 예수님께서 승천하실 때, 구름이 와서 예수님을 감쌌습니다. 무엇을 의미합니까?

3. 예수님이 하늘에 오르셨다는 사실이 우리의 구원에 어떤 의미가 있습니까?

4. 앞에서 우리는 예수님의 부활은 예수님의 칭의(무죄 인정)이며, 동시에 우리의 칭의임을 배웠습니다. 그렇다면 그리스도의 승천은 우리의 구원과 어떤 관련이 있습니까? '하늘에 오르사'라는 신앙고백에서 우리는 어떤 위로를 받고, 감사를 드려야 합니까?

I. 성부 하나님
   1. 나는 전능하신 하나님 아버지, 천지의 창조주를 믿습니다.

II. 성자 하나님
   2. 나는 그분의 독생자 우리 주 예수 그리스도를 믿으오니,
   3. 그는 성령으로 잉태하여 동정녀 마리아에게서 나셨고,
   4. 본디오 빌라도 치하에서 고난당하시고,
      십자가에 달리시고, 죽으시고, 장사되시고,
      음부에 내려가셨으며,
   5. 사흘 만에 죽은 자들로부터 부활하셨고,
   6. 하늘에 오르셨고,
   ☞ 전능하신 하나님 아버지의 우편에 앉아 계시는데,
   7. 거기서 산 자들과 죽은 자들을 심판하러 오실 것입니다.

III. 성령 하나님
   8. 나는 성령을 믿습니다.
   9. 나는 거룩한 공교회와 성도의 교제와
   10. 사죄와
   11. 육의 부활과
   12. 영생을 믿습니다.   -아멘-

제14과
하나님 우편에 앉으신 예수님

들어가면서

부활은 예수님의 칭의입니다. 그리고 승천은 그 칭의의 확증입니다. 예수님은 우리의 구주이시므로 그분의 칭의는 곧 우리의 칭의입니다. 그러므로 부활도, 승천도 우리의 구원을 위한 일입니다.

이제 예수님께서 하나님 우편에 앉으셨다는 조항을 공부해보겠습니다.

1. 왜 하나님 오른쪽에 앉으셨을까요?

하나님은 영이시기 때문에 오른쪽, 왼쪽의 구분이 의미가 없습니다. 그건 어디까지나 사람의 기준과 관점으로 한 설명입니다. 대부분의 사람들은 오른손잡이입니다. 그래서 옛날 사람들은 오른손을 힘의 상징으로 여겼습니다. 예수님께서 하나님 오른쪽, 우편(右便)에 앉으셨다는 말은 하나님께서 그에게 큰 힘과 권한을 주셨다는 뜻입니다. 성경을 통해서 설명해보겠습니다.

(1) 사도행전 2:35-36

"'내가 네 원수로 네 발등상이 되게 하기까지 너는 내 우편에 앉
아 있으라, 하셨도다.' 하였으니 그런즉 이스라엘 온 집은 확실히
알지니 너희가 십자가에 못 박은 이 예수를 하나님이 주와 그리
스도가 되게 하셨느니라." 하니라.

이 구절은 예수님께서 승천하시고 나서 성령께서 강림하셨을 때
에 베드로가 성전에 모인 사람들에게 한 설교입니다. 베드로는 시편
110편을 인용하고 있습니다. 예수님의 부활과 승천을 베드로는 하
나님께서 당신의 오른편에 앉히신 일로 설명합니다. 그리고는 이를
'주와 그리스도 되게 하심'으로 정의합니다.[2]

(2) 이번에는 사도 바울의 설명을 들어봅시다.

그의 능력이 그리스도 안에서 역사하사 죽은 자들 가운데서 다시
살리시고 하늘에서 자기의 오른편에 앉히사 모든 통치와 권세와
능력과 주권과 이 세상뿐 아니라 오는 세상에 일컫는 모든 이름
위에 뛰어나게 하시고 또 만물을 그의 발 아래에 복종하게 하시
고 그를 만물 위에 교회의 머리로 삼으셨느니라. (에베소서 1:20-22)

예수님을 죽은 사람들 중에서 살려내시고 당신의 오른편에 앉히
셔서... 복종하게 하셨습니다. 여기서도 마찬가지로 '오른편에 앉히
심'이 바로 '권한과 힘을 주심'임을 알 수 있습니다.

---

2 '주'와 '그리스도'의 의미는 앞에서 살펴보았습니다.

예수님께서 하나님 오른쪽에 앉으시되, '전능하신' 하나님 우편에 앉으셨음을 강조하는 이유가 여기 있습니다. 하나님께서 전능하시기 때문에 예수님께 이런 자격을 주실 있습니다.

이렇게 요약해 볼까요?
예수님께서 하나님 우편에 앉아 계신다는 말은 세상을 통치하는 왕이시라는 뜻입니다. 물론 교회의 왕이기도 하십니다. 한마디로 말하면, 예수님은 하나님 우편에서 "통치하십니다."

*예수님께서 왕이 되셨다는 사실을 우리는 어떻게 인정하고 있습니까? 이 세상보다 오히려 우리가 더 인정하지 않고 있지는 않습니까?

2. 하나님 우편에서 또 뭘 하고 계실까요?

예수님께서 하나님의 오른 쪽에서 왕으로서 세상을 다스리고, 교회를 보호하시는 일만 하지는 않으십니다. 다른 일을 하신다고 성경이 말합니다. 성경 두 구절을 살펴보겠습니다.

(1) 로마서 8:33-34
누가 능히 하나님께서 택하신 자들을 고발하리요! 의롭다 하신 이는 하나님이시니 누가 정죄하리요! 죽으실 뿐 아니라 다시 살아나신 이는 그리스도 예수시니 그는 하나님 우편에 계신 자요 우리를 위하여 간구하시는 자시니라.

이 구절에서는 예수님께서 하신 일 세 가지를 언급합니다.

1) 십자가에서 죽으신 일

2) 다시 살아나심

3) 하나님 우편에 계심, 그리고 우리를 위해 '간구'하심

'간구'라는 이 말은 교회가 흔히 쓰는 '중보 기도'입니다. 다른 사람을 대신해서 하나님께 드리는 기도입니다. 따라서 중보 기도, 즉 간구는 오직 예수님만 드릴 수 있습니다. 그러므로 다른 사람을 위해서 하는 기도를 '중보 기도'라 부를 때는 이런 의미를 잘 알고 써야겠습니다.

자세히 봅시다. 우리는 흔히 우리가 하나님 앞에 당당할 수 있는 이유가 예수님께서 우리를 대신해서 죽으셨기 때문이라고, 즉 십자가 덕분이라고만 생각합니다. 하지만 이 구절은 부활과 승천, 그리고 하나님 우편에 앉으심이 다 우리의 구원을 위한 일임을 잘 보여주고 있습니다.

'하나님 우편에 앉으심'에 대해서 더 생각해봅시다. 예수님께서 하나님 곁에서 우리를 위해서 대신 기도하시기 때문에 아무도 우리를 고발하지 못합니다. 마귀가 우리 양심에 대고 "너 같은 게 무슨 하나님 아들이야?"라고 한다거나, 하나님께 "저런 게 어떻게 하나님 자식입니까?"라고 고발할 수 없는 이유는 바로, 우리의 중보자이신 예수님의 '중보 기도' 덕분입니다.

(2) 히브리서 7:25

그러므로 자기를 힘입어 하나님께 나아가는 자들을 온전히 구원하실 수 있으니 이는 그가 항상 살아 계셔서 그들을 위하여 간

구하심이라.

로마서 8장에서 봤던 단어가 여기도 나오고 있습니다. 바로 간구입니다.

'그러므로'의 뜻은 앞뒤를 살펴볼 때, "예수님께서 우리의 '대제사장'이시니까"라는 의미입니다. 예수님은 구약의 대제사장처럼 죽지 않고 부활하셔서 영원히 살아계시니까, 예수님을 힘입어 하나님께 나아가는 모든 사람들을 온전하게 구원하실 수 있습니다.

한 마디로 요약하자면 이렇습니다.
예수님은 하나님 우편에서 우리를 위해서 '간구'하십니다.

3. 왜 하나님 '아버지' 우편일까요?

사도신경의 예전 판에는 이 구절에서 '아버지'가 빠져 있었습니다. 무슨 이유에서였는지 전혀 알 길이 없습니다. 원래는 분명 있었습니다. 그러면 왜 하나님 '아버지' 우편이라고 고백할까요? 바로 예수님의 아버지가 우리의 아버지이시기 때문입니다. 예수님을 구세주로 세상에 보내신 분이 그 '아버지'이시며, 그를 죽음에서 일으키신 분이 바로 그 '아버지'이십니다. 그 아버지를 우리도 아버지로 부를 수 있게 하시기 위해서입니다. 사도신경

🖊 정리하며 나가기

예수님께서 하나님 우편에 앉아 계시면서 무슨 일을 하시는지 공부했습니다.

그분은 하나님을 대신해서 이 세상을 통치하십니다. 그리고 교회를 보호하십니다. 그리고 무엇보다 우리를 위해서 간구합니다.

통치와 간구, 이것이 예수님께서 하늘에서 하시는 일입니다.

우리는 이 주님의 기도를 의식하고 살고 있습니까? 이런 간증을 간혹 듣습니다. "나를 위해 기도하는 분이 계셔서 모든 일이 잘 풀렸는데, 나는 그분의 기도를 몰랐습니다. 잊고 있었습니다." 왜 주님께서 우리를 위해 중보의 기도를 드리고 계시다는 사실에 감격하는 사람은 드물까요?

1. 왜 하나님 우편에 계실까요? 오른쪽이 어떤 상징적인 의미를 담고 있습니까?

2. 하나님 우편에서 뭘하고 계십니까? 로마서 8장 33-34과 히브리서 7:25을 보면 _____ 하고 계심을 알 수 있습니다.

3. 어떤 성도가 심각한 병에 걸렸습니다. 종양이 자랄지도 몰라서 정기적으로 검사해야 했습니다. 어느 날 검사를 했는데, 종양이 사라졌다는 의사의 말을 듣습니다.

목사님을 찾아갑니다. "목사님이 기도해주신 덕분입니다."이런 마음을 나쁘다고 할 수는 없습니다. 하지만 잊어서는 안 될 사실이 있습니다. 예수님께서 우리를 위해 늘 기도하신다는 사실 말입니다. 주께서 하나님 아버지 우편에서 하시는 일은 통치와 간구 말고도 한 가지가 더 있습니다. 성령님을 보내십니다. 그 점은 성령님에 관한 고백에서 생각하겠습니다.

부활절이 언제죠?

교회를 오래 다니신 분들도 이 질문에 정확히 답할 수 있는 분들은 흔하지 않습니다.

부활절은 예수님께서 유대인의 명절인 유월절 다음날에 부활하셨음에 착안해서 정했습니다. 유월절은 구약시대의 달력으로 니산월 14일입니다. 니산월은 지금의 3월 중순 경에 시작됩니다. 아무튼 이 유대인들의 절기를 기준으로 해서 계산했습니다.

하지만 처음부터 모든 교회가 같은 날을 지키지는 않았습니다. 어떤 교회들은 유대인들의 유월절에 지켰고, 다른 교회들은 유월절이 지난 주일에 지켰습니다. 양쪽의 의견이 팽팽했습니다. 서로 험한 말까지 서슴지 않았습니다.

"아니, 어떻게 예수 믿는 사람이라면 부활절을 유월절과 같은 날 지킨다 말이야?"

"14일 유월절을 부활절로 지키지 않는 자는 저주를 받을지어다."

이건 아니죠? 이래선 안 되죠. 하지만 결국 논란이 격해져서 회의에 부칩니다. 결국 "예수님은 하나님인가?" 하는 논쟁을 해결하기 위해 모였던 니케아 회의(서기 325년)에서 이 문제를 다뤘습니다.

결론은, "부활절은 춘분이 지난 첫 만월이 지난 일요일로!"

그런데 여기서 주목할 사실은 부활절은 꼭 일요일이어야 한다고 못 박았다는 점입니다. 매 주일 자체가 이미 그리스도의 부활을 기념하는 날이었으며, 이미 교회가 그렇게 지켜오고 있었기 때문입니다.

자, 기억합시다. 부활절은 "춘분이 지나고 첫 보름 지난 후 첫 번째 주일"입니다. 사도신경

I. 성부 하나님

   1. 나는 전능하신 하나님 아버지, 천지의 창조주를 믿습니다.

II. 성자 하나님

   2. 나는 그분의 독생자 우리 주 예수 그리스도를 믿으오니,

   3. 그는 성령으로 잉태하여 동정녀 마리아에게서 나셨고,

   4. 본디오 빌라도 치하에서 고난당하시고,

      십자가에 달리시고, 죽으시고, 장사되시고,

      음부에 내려가셨으며,

   5. 사흘 만에 죽은 자들로부터 부활하셨고,

   6. 하늘에 오르셨고,

      전능하신 하나님 아버지의 우편에 앉아 계시는데,

☞ 7. 거기서 산 자들과 죽은 자들을 심판하러 오실 것입니다.

III. 성령 하나님

   8. 나는 성령을 믿습니다.

   9. 나는 거룩한 공교회와 성도의 교제와

   10. 사죄와

   11. 육의 부활과

   12. 영생을 믿습니다.　　　-아멘-

제15과
심판하러 다시 오시는 예수님

계시록 6:15-16

들어가면서

예수님의 낮아지심 다섯 단계와 높아지심 네 단계를 살펴보았습니다. 이제 예수님에 관한 마지막 조항, 심판하기 위해 다시 오실 예수님에 대한 고백을 공부하겠습니다.

▶ 예수님은 왜 다시 오십니까?

▶ 오실 때, 어떤 모습으로 오십니까?

▶ 그러면 우리에게도 그분의 재림은 두려운 일일까요?

1. 예수님께서 다시 오시는 이유

예수님께서 다시 오시는 이유를 성경은 분명하게 말하고 있습니다. 주님을 거역하는 세상을 '심판'하시고 벌 주시기 위해서입니다.

(1) 예수님과 그분의 가르침을 거부한 사람들은 심판을 받습니다.

마가복음 8:38

누구든지 이 음란하고 죄 많은 세대에서 나와 내 말을 부끄러워
하면 인자도 아버지의 영광으로 거룩한 천사들과 함께 올 때에
그 사람을 부끄러워하리라.
(인자(人子)란, 예수님 자신을 지칭하는 말입니다.)

'부끄러워한다'는 말은 인정하지 않는다는 뜻입니다. 주님을
'구주'로, 혹은 '왕'으로 인정하지 않는 사람은 그리스도께서 재림하실
때에 인정하지 않으신다는 뜻입니다. 그러므로 앞에서 배운 예수님에
관한 고백들을 잘 기억하고 정말 그렇게 믿는지를 물어보아야 합니다.

(2) 예수님의 말씀대로 행하기를 거부하는 행위는 심판을 받습
니다.

마태복음 25:31~46

인자가 자기 영광으로 모든 천사와 함께 올 때에 자기 영광
의 보좌에 앉으리니 모든 민족을 그 앞에 모으고 각각 구분하기
를 목자가 양과 염소를 구분하는 것 같이 하여 양은 그 오른편에
염소는 왼편에 두리라.

그 때에 임금이 그 오른편에 있는 자들에게 이르시되 "내 아
버지께 복 받을 자들이여 나아와 창세로부터 너희를 위하여 예
비된 나라를 상속받으라. 내가 주릴 때에 너희가 먹을 것을 주었
고 목마를 때에 마시게 하였고 나그네 되었을 때에 영접하였고
헐벗었을 때에 옷을 입혔고 병들었을 때에 돌보았고 옥에 갇혔

을 때에 와서 보았느니라." 이에 의인들이 대답하여 이르되 "주여 우리가 어느 때에 주께서 주리신 것을 보고 음식을 대접하였으며 목마르신 것을 보고 마시게 하였나이까? 어느 때에 나그네 되신 것을 보고 영접하였으며 헐벗으신 것을 보고 옷 입혔나이까? 어느 때에 병드신 것이나 옥에 갇히신 것을 보고 가서 뵈었나이까?" 하리니, 임금이 대답하여 이르시되 "내가 진실로 너희에게 이르노니 너희가 여기 내 형제 중에 지극히 작은 자 하나에게 한 것이 곧 내게 한 것이니라." 하시고

또 왼편에 있는 자들에게 이르시되 "저주를 받은 자들아! 나를 떠나 마귀와 그 사자들을 위하여 예비된 영원한 불에 들어가라. 내가 주릴 때에 너희가 먹을 것을 주지 아니하였고 목마를 때에 마시게 하지 아니하였고 나그네 되었을 때에 영접하지 아니하였고 헐벗었을 때에 옷 입히지 아니하였고 병들었을 때와 옥에 갇혔을 때에 돌보지 아니하였느니라." 하시니 그들도 대답하여 이르되 "주여! 우리가 어느 때에 주께서 주리신 것이나 목마르신 것이나 나그네 되신 것이나 헐벗으신 것이나 병드신 것이나 옥에 갇히신 것을 보고 공양하지 아니하더이까?" 이에 임금이 대답하여 이르시되 "내가 진실로 너희에게 이르노니 이 지극히 작은 자 하나에게 하지 아니한 것이 곧 내게 하지 아니한 것이니라 하시리니 그들은 영벌에, 의인들은 영생에 들어가리라." 하시니라

답은 간단합니다. 주님의 말씀을 가볍게 여기고, 주님께서 명하신 대로 약한 이웃을 사랑하지 않은 사람들, 그들은 '저주받은 자들'이며, 마귀가 가야할 영원한 불구덩이로 들어가야 합니다. 이것

이 '심판'입니다.

그러면, 주님을 믿더라도 이렇게 심판을 받아서 지옥을 가는 경우도 있을까요? 아닙니다. 큰일 날 얘기입니다. 주님을 믿으면, 십자가에 달리셨던 주님께서 우리의 구주이심을 부끄러워하지 않고 받아들인다면, 그는 다시 오실 주님을 두려워할 이유가 없습니다.

하지만, 주님을 믿기는 하지만, 저 이야기에 나오는 사람처럼 착하게 살지 못하면 어떻게 되죠?

조심해서 답을 해야 합니다. 정말 예수님을 구주로 믿을 뿐 아니라, 그 주님을 왕으로 인정한다면, 주님의 말씀을 두려워할 수밖에 없습니다. 두려워하지 않는다면, 이는 예수님을 왕으로 인정하지 않는 사람으로 볼 수밖에 없습니다. 즉 '구원에 이르게 하는 믿음'이 없는 사람입니다. 이 역시 주님의 말씀을 '부끄러워한' 사람입니다.

이 두 성경구절에서 내릴 수 있는 결론은 이겁니다.

"예수 믿지 않는 사람은 다시 오시는 예수님을 '심판하시러 오시는' 무서운 예수님을 만나야 한다."

얼마나 두려워해야 하는지 계시록 6장에서 보겠습니다.

계시록 6:15-16

땅의 임금들과 왕족들과 장군들과 부자들과 강한 자들과 모든 종과 자유인이 굴과 산들의 바위 틈에 숨어 산들과 바위에게 말하되 우리 위에 떨어져 보좌에 앉으신 이의 얼굴에서와 그 어린 양의 진노에서 우리를 가리라.

'어린 양'이신 예수님이 얼마나 무서우면, 바위랑 산이 자기들 위에 무너지라고 외칩니다. 지금 주님과 그 말씀을 두려워하지 않으면 주님을 이렇게 두려워해야 합니다.

2. 그러면 주님은 어떤 모습으로 오실까요?

(1) 영광스러운 모습으로 오십니다.

예수님께서 처음에 이 땅에 오실 때는 어린 아기로 탄생하셨습니다. 그것도 가난한 식민지 청년의 아들로, 마구간에서 태어나셨습니다. 약한 인간의 모습이었습니다.

하지만, 앞의 마가복음과 마태복음의 말씀을 보면 주님은 찬란한 '영광'을 가지신 모습으로 다시 오십니다. 마가복음에서는 '아버지의 영광', 즉 하나님의 영광을 가지시고 오신다고 하시고, 마태복음에서는 당신의 영광, 주님 자신이 영광스러운 모습을 회복하시고서 오신다고 합니다. 빌라도에게 끌려 다니거나, 로마 군병의 채찍에 피 흘리실 모습이 아니라, 온 세상이 그 앞에 고개도 들 수 없는 영광을 가지고 오십니다.

앞에 인용한 복음서 구절들을 보면, 주님은 천사들과 함께, 그들의 호위를 받으면서 오십니다. 천사들은 하나님의 심부름꾼입니다. 말하자면 '경호원'입니다. 주께서 천사들과 함께 오신다는 말씀 역시, 하나님으로서, 하나님으로서의 권능을 가지고 오신다는 뜻입니다.

(2) 주님께서 다시 오실 때, 구름을 타고 오십니다.

주님께서 승천하실 때, 구름이 그분을 휘감았습니다. 이때, 천사가 말합니다. "너희가 본 모습, 그대로 다시 오시리라."(사도행전 1:11)

앞에서 공부했듯이, 구름은 하나님의 영광의 상징입니다. 구름이 예수님을 감쌌다는 말이 예수님께서 하나님으로서의 영광을 회복하셨다는 뜻이듯이, 구름을 타고 오신다는 말 역시, 하나님으로서의 영광을 가지고 오신다는 의미입니다. '영광 중에 천사와 함께' 오신다는 말과 비슷한 개념입니다. 이제는 감히 주님과 맞서 싸우고 덤비려는 존재는 없습니다.

3. 그러면 우리는 그분을 어떻게 맞이해야 할까요?

주님은 심판을 위해서 세상에 다시 오십니다. 살아 있는 사람도, 이미 죽은 사람도 주님의 심판을 받게 됩니다.

우리는 지금까지 주님께서 '우리를 위해서' 세상에 오셨다는 사실을 공부하고 고백했습니다. 그분이 우리의 '구주' 예수님이시라는 고백에서 시작했습니다. 우리를 위해서 이 땅에 오셨고, 십자가에 달리셨으며, 우리를 의롭게 하시기 위해서 부활하시고 하늘에 오르셨습니다. 또 거기서 우리를 위해 기도하십니다.

그런 예수님께서 다시 오십니다. 우리에게도 그분은 두려워할 분일까요? 만약 그렇다면, 앞에서 했던 신앙고백이 헛것입니다. 앞에서 신앙고백이 옳다면, 주님의 재림은 우리에게 희망이며 기쁨입니다. 결코 두려워할 일이 아닙니다.

지금껏 우리의 고백을 이해하는데 큰 도움이 되었던 하이델베르크 교리문답을 살펴보겠습니다.

52문: 그리스도께서
"살아 있는 자들과 죽은 자들을 심판하러 오실 것"은
당신에게 어떠한 위로를 줍니까?

답: 내가 어떠한 슬픔과 핍박을 당하더라도,
전에 나를 대신하여
하나님의 심판대 앞에 서시사
내게 임한 모든 저주를 제거하신 바로 그분이
심판자로서 하늘로부터 오시기를
머리 들어 기다립니다.
그가 그의 모든 원수들, 곧 나의 원수들은
영원한 멸망으로 형벌하실 것이며,
나는 그의 택함을 받은 모든 사람들과 함께
하늘의 기쁨과 영광 가운데
그에게로 이끌어 들이실 것입니다.

(1) 심판자로 오시는 주님은 우리에게 임한 모든 저주를 제거하신 우리의 구주이십니다.

(2) 예수님께서 하나님의 심판대 앞에 서신 일은 언제 있었습니까?

(3) 예수님의 원수가 곧 여러분의 원수입니까? 예수님은 사랑하는 '내게는 원수'가 따로 있지는 않을까요?

이 문답서는 느닷없이 주께서 심판하러 오심이 '어떠한 위로'를 주느냐고 묻습니다. 무섭지 않냐고, 긴장은 안 되냐고 묻지도 않습니다. 왜냐하면 그 심판의 주님은 바로 내가 받을 심판을 이미 다 받으신 분이시기 때문입니다. 이 점을 특히 '빌라도 치하에서' 재판 받으신 모습을 생각하면 쉽게 이해될 겁니다.

주님은 심판하러 오십니다. 하지만, 주님의 원수들을 심판하러 오십니다. 그리고 주께서 선택한 백성은 하늘의 기쁨과 영광 안으로, 다시 말하면 주님의 영광 안으로 이끌고 들어가실 것입니다.

자, 마지막으로 아주 무서운 질문 하나 하겠습니다. 여러분 자신이 예수님의 원수는 아닙니까? 이 답을 할 수 없다면, 예수님에 관한 이 마지막 고백, "거기서 산 자들과 죽은 자들을 심판하러 오실 것입니다."는 이 고백이 우리에게 위로를 주기보다 침이 마르고 입이 바싹바싹 타는 긴장을 경험하게 될 것입니다. 사도신경

✎ 정리하며 나가기

1. 예수님은 세상에 왜 다시 오십니까?

2. 계시록 6장을 보면 그날에 사람들이 하나님과 예수님을 얼마나 두려워 하게 되는 지를 살펴 봅시다.

3. 그렇게 두려운 분이 '우리'에게는 어떤 분입니까? 하이델베르크 교리문답 52문답에 나오는 감격적인 표현들을 다시 살펴봅시다.

4. 자, 그러면 다시 오실 예수님을 여러분은 어떤 예수님으로 맞게 될

거 같습니까? 우리 대신 하나님의 심판대 앞에서 우리가 받아야 할 저주를 대신 당하신 그분을 맞이하시렵니까? 아니면 주님의 원수가 되어 주님을 떨면서 뵙게 될 거 같지는 않으십니까?

I. 성부 하나님
  1. 나는 전능하신 하나님 아버지, 천지의 창조주를 믿습니다.

II. 성자 하나님
  2. 나는 그분의 독생자 우리 주 예수 그리스도를 믿으오니,
  3. 그는 성령으로 잉태하여 동정녀 마리아에게서 나셨고,
  4. 본디오 빌라도 치하에서 고난당하시고,
     십자가에 달리시고, 죽으시고, 장사되시고,
     음부에 내려가셨으며,
  5. 사흘 만에 죽은 자들로부터 부활하셨고,
  6. 하늘에 오르셨고,
     전능하신 하나님 아버지의 우편에 앉아 계시는데,
  7. 거기서 산 자들과 죽은 자들을 심판하러 오실 것입니다.

III. 성령 하나님
☞ 8. 나는 성령을 믿습니다.
  9. 나는 거룩한 공교회와 성도의 교제와
  10. 사죄와
  11. 육의 부활과
  12. 영생을 믿습니다.   -아멘-

제16과
성령님을 믿습니다
로마서 8:9

들어가면서

"여러분, 성령 받았습니까?"

자, 이 질문을 받는 순간 여러분은 무슨 생각을 합니까? 혹시 한숨부터 쉬지는 않으십니까? 이런 질문을 받을 때면 뒤이어서, "방언하지 못하니까 성령 못 받았잖아. 그러면 그리스도인이라 할 수 없어! 봐, 이런 말씀이 있잖아."

"누구든지 그리스도의 영이 없으면 그리스도의 사람이 아니라."
(롬 8:9)

정말 그럴까요? 이제부터 제대로 살펴봅시다.

사도신경의 제3부로 넘어 왔습니다. 3부는 성령님에 대해서, 그리고 성령님께서 하시는 일에 대해서 가르쳐 줍니다. 다시 말하면, 교회와 부활, 영생이 다 여기에 포함됩니다.

성령님은 누구실까요?

한국교회는 성령님을 너무 많이 오해하고 있습니다. 성령님을 단순히 '하나님의 능력'으로 생각하기도 합니다. 뭣보다 하나님 아버지, 예수님, 다음가는 서열 3위의 하나님으로 이해하는 경향도 짙습니다. 놀랍게도 한국교회가 보여주는 '성령님 오해' 증세는 사실 2천년 교회 역사에서 보이는 증세와 다르지 않습니다. 새로운 오해, 새로운 이단이란 없습니다. 교회 역사에서 이미 그 선례를 찾아볼 수 있습니다. 그래서 교회는 교회의 역사를 알아야 하나 봅니다.

세 가지로 정리하려 합니다.

1) 성령님은 하나님이십니다.

2) 성령님은 예수님의 영이십니다.

3) 성령님은 예수님의 구원을 우리에게 전해주십니다.

1. 성령님은 하나님이십니다.

이 점에 대한 오해가 성령님에 대한 다른 모든 오해의 출발점입니다. 성령님을 하나님으로 이해하지 못하기 때문에 "성령 받아라!"고 외치기도 합니다. 성령님이 무슨 물건인 듯이, 자기가 던져주기라도 하는 양 말합니다.

이런 오해를 줄이기 위해 우리는 "성령님"으로 그분을 호칭하기로 합시다. 성경에 "예수님"이란 말은 없습니다. '예수'로만 나와 있습니다. 그렇지만 우리가 예수님을 경외, 공경하고 두려워하기에 '예수님'이라 부르듯이 '성령'으로 부르기보다 '성령님'으로 부르는 것이 더 합당하다고 생각됩니다.

성령님은 하나님이십니다. 성경을 통해서 확인해 보겠습니다.

(1) 마태복음 28:19

그러므로 너희는 가서 모든 민족을 제자로 삼아 아버지와 아들과
성령의 이름으로 세례를 베풀고

이 구절이 성령님께서 하나님이심을 어떻게 보여주고 있습니까?
세례는 '안으로 들어간다'는 뜻을 담고 있습니다. 세례는 '예수님 안
에 들어감'을 의미합니다. 그런데 동시에 하나님 아버지 안에 들어
가는 의식입니다. 마찬가지로 성령님 안으로 들어가는 세례입니다.
성령님이 이처럼 하나님, 예수님과 동급으로 예우되고 있음을 분명
하게 보여줍니다. 이것이 우리가 받은 세례에서 고백한 내용입니다.

이 구절은 '삼위일체' 교리를 설명하는데도 중요합니다. 하나님
은 세 분이기도 하고 한 분이기도 하다? 그렇게 질문하기 시작하면
이 교리는 분명 '골치 아픈 문제'가 될 수밖에 없습니다. 하나님이 우
리의 계산법과 맞지 않다고 해서 그런 하나님이 안 계시다고, 성경이
틀렸다고 말할 수는 없습니다.
앞에서 한번 봤던 구절입니다.

Go therefore and make disciples of all nations, baptizing them in the
name of the Father and of the Son and of the Holy Spirit

아버지, 아들, 성령님. 세 분입니다. 그런데 이름은? 단수로 되어
있습니다. 한 분의 이름인 듯이 써놨습니다. 왜 그럴까요? 하나님 아
버지, 예수님, 성령님은 우리가 보기에 세 분이지만, 분명 한 하나님

이십니다. 이 점을 주님은 세례 명령을 통해서 분명하게 보여주셨습니다. 따라서 성령님 역시 하나님이십니다.

(2) 사도행전 5:3-4

베드로가 이르되 아나니아야! 어찌하여 사탄이 네 마음에 가득하여 네가 성령을 속이고 땅 값 얼마를 감추었느냐? 땅이 그대로 있을 때에는 네 땅이 아니며 판 후에도 네 마음대로 할 수가 없더냐? 어찌하여 이 일을 네 마음에 두었느냐? 사람에게 거짓말한 것이 아니요 하나님께로다.

아주 무시무시한 장면입니다. 사도들이 가르치던 예루살렘 교회에서 한 부부가 밭을 팔아서 교회에 헌금했습니다. 그런데 일부는 자기들이 가지고 나머지만 바쳤습니다. 이 자체는 아무 문제가 없습니다. 다만, 바친 헌금이 밭을 팔고 받은 돈 전부인 양 행동했습니다. 그게 문제였습니다.

사도 베드로가 이 사실을 꿰뚫어 보았습니다. 베드로가 온 교회 앞에서 말했습니다.

"너는 성령님을 속였다... 네가 사람에게 거짓말 했다기보다, 하나님께 했다."

성령님을 속였다고 했다가, 다시 하나님께 거짓말했다고 말합니다. 성령님이 곧 하나님이심을 보여줍니다.

2. 성령님은 그리스도의 영이십니다.

성령님은 그리스도를 도우십니다. 그분을 대행(代行)합니다. 이 땅에 내려오신 예수님께서 우리의 구주로서의 사명을 완수할 수 있도록 도우시고 이끄셨습니다.

(1) 예수님의 잉태

예수님께서 처녀의 몸에 잉태되셨습니다. 일반적인 부부 사이에서 잉태되어 태어나시지 않았습니다. 예수님께서 이렇게 초자연적으로 잉태되심은 성령님께서 하신 일이었습니다.

마태복음 1:20-21입니다.

이 일을 생각할 때에 주의 사자가 현몽하여 이르되
"다윗의 자손 요셉아 네 아내 마리아 데려오기를 무서워하지 말
라. 그에게 잉태된 자는 성령으로 된 것이라. 아들을 낳으리니 이
름을 예수라 하라. 이는 그가 자기 백성을 그들의 죄에서 구원할
자이심이라." 하니라

(2) 마귀의 시험을 이기게 하심

예수님께서 세례 받으신 후에 광야로 가셨습니다. 왜 가셨을까요?
우리는 쉽게 '기도하시러, 금식 기도하시러'라고 대답합니다. 그
럴까요? 성경은 뭐라고 말하죠?

누가복음 4:1-2입니다.

예수께서 성령의 충만함을 입어 요단 강에서 돌아오사 광야에

서 사십 일 동안 성령에게 이끌리시며 마귀에게 시험을 받으시더라. 이 모든 날에 아무 것도 잡수시지 아니하시니 날 수가 다하매 주리신지라

마귀가 시험하도록, 유혹하도록 덤벼들게 하시기 위해서 광야로 가셨습니다. 말하자면 예수님이 먼저 싸움을 거신 셈입니다. 그런데 이 본문에서 성령님이 두 번이나 언급됩니다. 성령님이 예수님 안에 가득했습니다. 성령께서 예수님을 완전하게 붙잡으셨다는 말로 이해하면 되겠습니다. 그리고 그 성령께서 예수님을 이끄셨습니다.

사람이 되신 예수님은 약합니다. 그래서 성령님께서 도우십니다. 마귀와의 싸움, 우리나라 식으로 말하자면 마귀와의 전면전인 이 '광야대첩'에서 그리스도께서 승리하실 수 있었던 것은 처음부터 끝까지 성령께서 함께 하셨기 때문입니다.

이처럼 성령님은 예수님께서 그리스도로서, 구세주로서의 사명을 다하실 수 있도록 이끄시고 도우십니다.

(3) 그리스도의 십자가 역시 성령께서 함께 하셨습니다.
히브리서 9:14을 자세히 살펴봅시다.

하물며 영원하신 성령으로 말미암아 흠 없는 자기를 하나님께 드린 그리스도의 피가 어찌 너희 양심을 죽은 행실에서 깨끗하게 하고 살아 계신 하나님을 섬기게 하지 못하겠느냐?

그리스도께서, 흠 없는 자신을 하나님께 우리를 대신한 희생제

물로 바치실 때 성령님을 통해서 하셨습니다. 성령님께서 그 일에도 함께 하시고 힘을 주셨다는 말입니다.

(4) 물론 부활도 성령님의 일이었습니다.
그리스도의 부활은 하나님께서 하신 일로 많이 표현되어 있습니다. 하지만 성령께서 이 일을 함께 하셨다는 구절도 있습니다.
로마서 1:4입니다.

성결의 영으로는 죽은 자들 가운데서 부활하사 능력으로 하나님의 아들로 선포되셨으니 곧 우리 주 예수 그리스도시니라.

여기서 성결의 영은 당연히 거룩하신 영, 성령님입니다.
이처럼 성령님은 인간으로 오신, 그래서 약해져 계신 그리스도와 함께 하시면서 구주로서의 일을 수행할 수 있게 도우시고 지켜주셨습니다. 그래서 성령님은 '그리스도의 영'이십니다.

3. 성령님은 예수님의 구원을 우리에게 전해주십니다.
(1) 성령님은 사람들이 그리스도를 믿도록 하십니다.
성령님이 아니면 죄인인 우리들은 하나님을 알 수 없습니다. 우리가 죄인이기 때문에 구원받을 수 없는 존재라는 사실을 자각하지도 못합니다. 예수를 믿는 일, 예수님을 통해서 하나님을 아버지로 알고 믿게 되는 일은 성령님이 아니면 도무지 불가능합니다.
에베소서 1장에서 사도 바울의 기도를 보면 이런 내용이 잘 나옵니다.

우리 주 예수 그리스도의 하나님, 영광의 아버지께서 지혜와 계시의 영을 너희에게 주사 하나님을 알게 하시고 너희 마음의 눈을 밝히사 그의 부르심의 소망이 무엇이며 성도 안에서 그 기업의 영광의 풍성함이 무엇이며 그의 힘의 위력으로 역사하심을 따라 믿는 우리에게 베푸신 능력의 지극히 크심이 어떠한 것을 너희로 알게 하시기를 구하노라.(17-19절)

여기서 성령님을 '지혜와 계시의 영'이라고 묘사합니다. 성령님께서 오셔서 '지혜'를 주시고, 하나님의 구원에 대해서 '계시'해 보여 주셔야 하나님을 제대로 알 수 있습니다.

그래야 우리의 마음의 눈이 밝아집니다. 그렇게 되면 우리에게 주시는 기업(유산)이 얼마나 영광스럽고 풍성한지를 알게 됩니다. 또한 우리에게 베푸신 능력이 얼마나 큰지를 제대로 알게 됩니다.

이처럼 '그리스도의 영'이신 성령님은 우리를 '그리스도인'이 되게 하십니다. 성령님께서 그리스도의 백성을 창조해 내십니다. 이 점에서 성령님은 여전히 '그리스도의 영'이시라 할 수 있습니다.

좀 더 쉽게 설명해 주는 성경구절이 있습니다. 고린도전서 12: 3입니다.

그러므로 내가 너희에게 알리노니 하나님의 영으로 말하는 자는 누구든지 예수를 저주할 자라 하지 아니하고 또 성령으로 아니하고는 누구든지 예수를 주시라 할 수 없느니라.

앞서 배웠던 "예수님의 주님이십니다"는 고백, 성령님 없이는 불가능합니다. 성령님께서 예수 믿게 하십니다. 예수 믿는 일은 내가 알아서 하고 그 후에 방언하는 일은 성령님 일인 듯이 가르치는 것은 성경의 가르침과 다릅니다. 인간이 누구든지, 예수님을 믿게 되는 일은 성령님께서 하십니다. 성령님께서 일으키시는 기적입니다.

(2) 성령님은 그리스도의 사람들을 '하나님의 아들'이 되게 하십니다.
갈라디아 4:6을 볼까요? 성령님은 우리가 하나님의 아들임을 계속 가르쳐 주십니다.

너희가 아들이므로 하나님이 그 아들의 영을 우리 마음 가운데 보내사 아빠 아버지라 부르게 하셨느니라.

하나님을 '아버지'라고 큰 소리로 외칠 수 있게, 환희에 차서 외치게 하십니다. 성령님께서 말입니다. 기도는 하나님을 "아버지"라고 부르면서 시작하라고 예수님께서 가르쳐주셨습니다. 사람들은 하나님을 함부로 '아버지'라고 부르지 못합니다. 하나님을 좀 아는 사람은 두려워서, 모르는 사람은 관심이 없어서 하나님을 아버지로 부를 수 없습니다. 오직 예수님을 통해서 하나님의 아들이 된다는 사실을 아는 사람, 그리고 그 아드님의 영, 곧 성령님께서 함께 하시는 사람들만 하나님을 "아버지"라고 외쳐 부를 수 있습니다.

자, 이제 처음에 들은 질문에 답할 때입니다.
"여러분, 성령 받았습니까?"

어떻게 답하시겠습니까? 성령 받지 못하셨습니까?

기억합시다. 성령 받지 못하셨다면 그리스도인이 아닙니다. 그런데, 그리스도의 영이신 성령께서 사람을 그리스도인이 되게 하시는 일을 합니다. 그리스도인들이 예수님을 '주'라 시인하게 하십니다.

여러분, 예수 믿으십니까? 그 믿음 성령님께서 주셨습니다. 우리의 결심이 아닙니다.

예수 믿습니까? 예, 하고 당당하게 답하실 수 있다면, 당신은 성령 받았습니다. 방언을 못한다 하더라도 마찬가지입니다. 성령님은 그리스도의 영이며, 그리스도인의 영입니다.

(3) 그러므로 성령님은 또한 '기도하게 하시는 영'이시기도 합니다. 위 내용에서 자연스럽게 이어집니다.

이와 같이 성령도 우리의 연약함을 도우시나니 우리는 마땅히 기도할 바를 알지 못하나 오직 성령이 말할 수 없는 탄식으로 우리를 위하여 친히 간구하시느니라. (로마서 8:26)

어떻게, 뭘 기도해야 할지도 정확히 모르는 우리를 도우시고, 대신 기도해주시기도 하는 분이 성령님이십니다.

(4) 성령께서 그리스도인들이 거룩하게, 하나님의 자녀답게 살게 하십니다.

내가 이르노니 너희는 성령을 따라 행하라 그리하면 육체의 욕심을 이루지 아니하리라.(갈라디아 5:16)

성령님을 따라서 살면, 육체의 욕심, 즉 하나님의 뜻에 반하여 살려는 본성의 욕심을 이겨낼 수 있습니다. 성령, 거룩한 영은 우리를 거룩하게 하십니다. [사도신경]

🖊 정리하며 나가기

1. 성령님은 하나님이십니다. 이 점을 여러분은 늘 의식하고 계십니까? 행여 성령님을 단순한 '능력'으로 생각하지는 않으셨습니까? 마태복음 28:19의 세례 명령에서 이 점을 살펴보았습니다. 성부, 성자, 성령님의 한 이름으로 받는 세례에서 성령님도 하나님이심을 설명해 봅시다.

2. 신약 성경에서 '하나님'은 다 성부 하나님이실까요? 성령님이나 예수님을 지칭하는 경우는 없을까요?
사도행전 5:3-4에서 아나니아와 삽비라가 "하나님께 거짓말"을 했는데 이는 곧 _____ 을 속인 행동이라고 베드로가 책망했습니다. 참고로 예수님을 '하나님'이라고 말하는 성경 구절 하나를 살펴봅시다.

성령이 그들 가운데 여러분을 감독자로 삼고 하나님이 자기 피로 사신 교회를 보살피게 하셨느니라. (사도행전 20:28)

성부 하나님께서 당신의 교회를 위해 피 흘리셨을 리는 없죠?

3. 예수님의 잉태가 성령님의 일이라는 사실은 다 잘 알고 있습니다. 또 예수님의 병자 치유도 성령님의 능력이었음도 압니다. 그런데 예수께서 시험을 이기심 또한 성령의 인도하심이었습니다. 즉, 성령께서 예수님이 마귀와 싸우시게 이끌어 가셨습니다.

예수께서 성령의 충만함을 입어 요단 강에서 돌아오사 광야에서 사십 일 동안 _____ 에게 이끌리시며 마귀에게 시험을 받으시더라. (누가복음 4:1-2)

4. 십자가 역시 성령께서 함께 하신 일이었음에 대해서도 생각해봅시다. 설명하기 힘든 삼위 하나님의 역사, 십자가 역시도 마찬가지입니다.

하물며 영원하신 _____으로 말미암아 흠 없는 자기를 하나님께 드린 그리스도의 피가 어찌 너희 양심을 죽은 행실에서 깨끗하게 하고 살아 계신 하나님을 섬기게 하지 못하겠느냐? (히브리서 9:14)

5. "성령 받았습니까?"
이 질문에 답하실 수 있습니까? 성령님, 즉 그리스도의 영을 받았다는 증거는 "지금 예수님을 '주'로 고백할 수 있는가?"입니다. 그 고백은 성령님 없이는 불가능합니다.

그러므로 내가 너희에게 알리노니 _____으로 말하는 자는 누구든지 예수를 저주할 자라 하지 아니하고 또 _____으로 아니하고는 누구든지 예수를 주시라 할 수 없느니라. (고린도전서 12: 3)

6. 이와 관련해서 이런 질문 해봅시다.

   ▶ 나는 이른 바 모태신앙입니다. 어릴 때부터 엄마 때문에 교회 다녔습니다. 그래서 그냥 그저 그런 교인입니다.

   자, 이 말이 맞을까요? 부모님 때문에 '그냥', 특별한 일 없이 쉽게 믿는 일, 가능할까요?

   ▶ 결혼하면서 종교가 필요할 거 같아서 교회를 다니기로 결정했습니다. 그래서 지금은 온 식구가 다 교회를 다니고 있습니다.

   이 분들이 '예수 믿음'은 기적이 아닐까요?

7. '기도'라는 말이 나오면, 열심히 하지 않는 우리를 자책하기부터 합니다. 하지만 우리는 기도할 줄 모른다는 사실을 늘 잊고 삽니다. 우리에게 뭐가 필요한 지, 그래서 무슨 기도를 해야 할 지도 모르는 바보, 그게 우리의 모습이며, 그래서 우리는 성령께서 기도를 도우시기를 기도해야 합니다.

   이와 같이 성령도 우리의 연약함을 도우시나니 우리는 마땅히 _____ 바를 알지 못하나 오직 성령이 말할 수 없는

탄식으로 우리를 위하여 친히 간구하시느니라. (로마서 8:23)

'그리스도의 영'이신 성령께서 그리스도인들이 그리스도의 아버지 하나님께 기도할 수 있도록 이끌어주십니다. 그래서 성령님의 "그리스도인의 영"이기도 하십니다.

왜 성령님에 대한 고백은 단 한 줄뿐일까요?

예수님에 대한 고백은 항목도 많고 한 항목이 엄청 길기도 한데 왜 성령님에 대해서는 단 한 줄뿐이죠?

우선, 성경 자체가 성령님에 대해서는 길게, 많이 언급하고 있지 않기 때문이겠지요.

둘째, 8항 성령님에 대한 고백뿐 아니라, 9-12항이 전부 성령께서 하시는 일이기 때문에 결코 적은 분량이라고 하기 어렵습니다.

마지막으로, 이런 점도 있습니다. 사도신경이 작성되던 기간에는 이원론이라는 사고가 온 세상을 가득 채우고 있었습니다. 인간은 영혼과 육체로 되어 있는데, 영혼은 선하고 육은 악하다는 사고방식이었습니다. 마찬가지로 물질은 악하고 정신은 선합니다. 종교들마저도 이런 식이었습니다.

그러니, 선한 영 중에 가장 선한 하나님이 악하디 악한 인간의 육체를 만들고, 천지 만물을 만드셨다는 말을 믿지를 못했습니다. 무엇보다 예수님의 부활에 가장 강한 거부감을 느꼈습니다. 예수님께서 악한 육체라는 감옥 속에 들어오셨을 리도 없지만, 그 육체에서 해방되었다가 다시 그 더러운 육체를 꺼내 입으신다는 가르침은 이원론적인 사상에 젖어 있는 사람들에게는 용납이 안 되었지요.

흔히들, 옛날 사람들은 부활을 요즘 사람들보다 쉽게 믿었을 거라고 말합니다. 과학적인 사고가 안 되어서요. 하지만 어떤 면에서는 오히려 지금보다 더 어려웠습니다. 이 이원론 때문입니다.

그렇다면 성령님에 대해서는 어땠을까요? 거룩한 영이신 성령님을 믿는다는 말은 굳이 길게 설명하지 않아도 되지 않았을까 짐작해 볼 수 있습니다. 영이 거룩하시다는 데야 뭐 불만이 있었겠습니까? 사도신경

I. 성부 하나님
  1. 나는 전능하신 하나님 아버지, 천지의 창조주를 믿습니다.

II. 성자 하나님
  2. 나는 그분의 독생자 우리 주 예수 그리스도를 믿으오니,
  3. 그는 성령으로 잉태하여 동정녀 마리아에게서 나셨고,
  4. 본디오 빌라도 치하에서 고난당하시고,
      십자가에 달리시고, 죽으시고, 장사되시고,
      음부에 내려가셨으며,
  5. 사흘 만에 죽은 자들로부터 부활하셨고,
  6. 하늘에 오르셨고,
      전능하신 하나님 아버지의 우편에 앉아 계시는데,
  7. 거기서 산 자들과 죽은 자들을 심판하러 오실 것입니다.

III. 성령 하나님
  8. 나는 성령을 믿습니다.
☞ 9. 나는 거룩한 공교회와 성도의 교제와
  10. 사죄와
  11. 육의 부활과
  12. 영생을 믿습니다.   -아멘-

제17과

거룩한 공교회를 믿습니다

-교회를 믿는다?

마태복음 16:18

들어가면서

▶ 교회를 믿는다고 말해도 될까요? 예수님을 믿는 것처럼 믿는다는 말일까요?

▶ 교회를 안 다니고도 구원 받을 수 있습니까?

▶ 요즘 인터넷 설교 좋은 거 많은데, 그거 들으면서 혼자 신앙생활 해도 되죠? 그래도 구원받을 수 있죠?

교회를 다니지 않아도, 예수만 믿으면 구원받을 수 있을까요? 교회에 불만이 있어서 교회를 다니지 않고 혼자, 인터넷으로 설교를 들으면서 예배를 드리는 사람이 많아지고 있습니다. 이들을 가리켜 '가나안 성도'라고 하더라구요. '(교회에) 안 나가'를 뒤집어서 '가나안' 성도라고 하나 봅니다. 이 사람들의 신앙은 정상일까요?

우리는 '교회'를 믿습니다. 교회가 세상의 어떤 단체와 구별되는 점은 이 점입니다. 아무도 자기가 속한 단체를 '믿지'는 않습니다. 다른 종교들도 마찬가지입니다. 그렇다면 우리가 '교회를 믿는다'고 할 때 어떤 의미입니까?

1. 이 조항의 위치

"거룩한 공교회를 믿습니다." 이 고백은 성령님에 대한 고백 다음에 나옵니다. 그리고 이 고백 다음에는 성도 간의 교제가 이어집니다. 이 위치에 유념해야 합니다. 교회에 관한 신앙은 성령님에 대한 신앙의 일부분입니다. 교회는 성령님의 인도와 다스림 아래에 있습니다.

우리가 교회를 믿는 것은 바로 교회를 이끄시는 성령님을 믿기 때문입니다. 그래서 사도신경을 3부로 나누어서 적어야 합니다. 그래서 성도들이 '거룩한 공교회와 성도의 교제'가 성령님의 일임을 바로 알 수 있습니다.

2. 거룩한 교회 – 교회는 거룩할까?

사도신경은 교회가 일단 '거룩하다'고 합니다. 거룩의 반대말은 '죄' 혹은 '더러움'일 겁니다. 그러면 교회가 죄나 더러움이 전혀 없다는 뜻일까요? 주변을 둘러보면 그렇지 못하다는 사실을 쉽게 알 수 있습니다. 교회도 불화(不和)가 있어 시끄럽기도 하고, 세상 사람들의 손가락질을 받는 일도 허다합니다.

신약성경에 나오는 교회들도 보면, 문제가 없거나, 완벽한 교회는 흔치 않습니다. 다 약점과 부정이 있습니다. 그럼에도 불구하고 우리는 "거룩한 교회"를 믿는다고 고백합니다. 무슨 뜻일까요?

에베소서에서 그 답을 찾아봅시다. 5:25-27입니다.

남편들아, 아내 사랑하기를 그리스도께서 교회를 사랑하시고 그

교회를 위하여 자신을 주심 같이 하라. 이는 곧 물로 씻어 말씀으로 깨끗하게 하사 거룩하게 하시고 자기 앞에 영광스러운 교회로 세우사 티나 주름 잡힌 것이나 이런 것들이 없이 거룩하고 흠이 없게 하려 하심이라.

이 본문에서 핵심은 그리스도께서 교회를 사랑하시고 깨끗하고 거룩하게 하신다는 점입니다.

'거룩'의 근본 의미는 '~와 다르다"입니다. 세상과 다르고, 세상 사람들과 구별되었다는 뜻입니다. 구별되고 떨어져 나오기만 해서는 안 됩니다. 그 구별된 백성이 '하나님께 가까이', '하나님께 접붙여져야' 진정한 거룩이라 할 수 있습니다. 거룩하신 하나님과 연결됨, 이것이 거룩입니다. 교회가 거룩하다는 의미는 교회가 주님의 교회가 되었다는 뜻입니다. 그리고 그 주님께서 마지막에 가서는 교회를 완전히 거룩하게, 주님을 닮은 교회가 되게 하십니다.

물론 그렇다고 해서 교회가 거룩한 모습을 보이지 않고 거룩의 반대되는, 세속적인 면만 보여줘도 된다는 뜻은 아닙니다.

3. 공교회

공교회라는 말은 '전 세계적인' 교회라는 뜻입니다. 어디에나 있는 교회를 뜻합니다. 이를 영어로는 catholic church입니다. 이 '캐톨릭'이라는 말 때문에 사도신경이 천주교 신앙의 산물이라고, 그래서 우리는 거부해야한다고 주장하는 분들이 있습니다. 정말 일고의 가치도 없는 말입니다.

캐톨릭은 '보편적'이라는 뜻입니다. 어떤 민족에 국한되거나, 어떤 시대에만 있는 교회가 아니라 언제 어디에서나 있는 교회라는 말입니다.

우선 하이델베르크 교리문답을 통해서 이 고백조항의 의미를 살펴보겠습니다.

54문: "거룩한 보편적 교회"(거룩한 공교회)에 관하여
　　　당신은 무엇을 믿습니까?

　답: 나는 하나님의 아들이
　　　　세상의 처음부터 마지막 날까지
　　　　모든 인류 가운데서
　　　　영생을 위하여 선택하신 교회를
　　　　참된 믿음으로 하나가 되도록
　　　　그의 말씀과 성령으로
　　　　자신을 위하여
　　　　불러 모으고 보호하고 보존하심을 믿습니다.
　　　나도 지금 이 교회의 살아 있는 지체(肢體)이며
　　　　영원히 그러할 것을 믿습니다.

여기서 '공'교회의 의미는 두 가지입니다.
첫째, 시간적으로 세상의 처음부터 마지막 날까지
둘째, 공간적으로 모든 인류 가운데서

하이델베르크문답 54문답을 좀 더 자세히 살펴봅시다.

(1) 교회는 그리스도께서 세우시고 모으십니다.

또 내가 네게 이르노니 너는 베드로라. 내가 이 반석 위에 내 교회를 세우리니 음부의 권세가 이기지 못하리라. (마태복음 16:18)

(2) 예수님께서 당신을 위하여 교회를 모으십니다.

당연히 우리는 교회의 주인이 아닙니다. 우리의 안녕과 평안을 위해 우리를 불러 모으지는 않으십니다. 주님 자신을 위해서입니다.

(3) '말씀과 성령'으로 교회를 불러 모으십니다.

말씀과 성령이 나란히 적혀 있음에 주목합시다. 말씀 없이 성령님께서 무조건 사람을 불러 교회에 들어가게 하시지 않습니다. 성령님은 말씀을 통해서 일하십니다. 그리스도는 말씀을 통해 사람을 부르시지만, 성령께서 함께 하시지 않으면 죄인이 변해서 의인이 되지 않습니다. 사망의 길을 가는 사람이 갑자기 생명의 길로 옮기는 일이 사람의 '말' 때문에 일어나지는 않습니다. 성령께서 함께 하시는 '설교'(말씀)일 때만 가능합니다.

말씀 없는 성령님의 역사도 없습니다. 성령께서 하시는 일은 성경에 나와 있는 말씀과 다르지 않습니다. 성령님도 하나님이시기 때문에 변하지 않으십니다. 그러니 사도들에게 하신 말씀, 선지자들에게 가르쳐 주신 예언의 내용이 지금도 변하지 않으십니다.

"성령님의 자유하셔. 아무것에도 매이지 않으셔. 그러니까 성경에도 매이시지 않아."

이런 말은 얼핏 듣기에는 성령님의 주권을 높이는 아주 경건한 말로 들릴 수는 있지만, 사실 성령님께서 변하지 않으시는 하나님이심을 부정하는 말입니다.

여러분은 오직 교회는 말씀과 성령을 통해서 그리스도께서 모으신다고 믿습니까? 말씀과 함께 일하시는 성령님을 통해서 교회가 생겨나고 보호됨을 믿습니까? 그것도 믿지만 다른 것도 있어야 한다고 생각하지는 않습니까?

(4) 나는 이 교회의 회원입니다.

'공교회를 믿습니다'는 고백에는 나도 이 교회의 지체라는 고백까지를 담고 있습니다. 답해 봅시다. 여러분은 교회의 지체, 회원입니까?(지체라는 말은 영어로 member입니다. 당연히 회원입니다.)

▶ 교회에 대한 『웨스트민스터 신앙고백』의 정의

웨스트민스터신앙고백은 장로교 신학의 총화(總和)라 할 수 있습니다. 그 고백문 25장 2절은 이렇게 말합니다.

보이는 교회 또한 복음 아래에서 보편적이고 세계적인 교회이다. 즉 전에 모세 율법 아래에서 그랬듯 것처럼 한 나라에 국한되지 않는다. 이 교회는 참된 신앙을 고백하는 이 세상의 모든 사람들과 그들의 자녀들로 구성된다. 이 보이는 교회는 주 예수 그리스도의 왕국이며 하나님의 집이며 가족이다. 일반적으로 이 교회를 떠나서는 구원받을 수 없다.

보이는 교회, 즉 사람들 눈에 보이는 교회를 떠나서는 구원 받을 가능성은 없습니다.

그렇다면 말해봅시다. '가나안 성도'가 가능할까요? 인터넷 교인이 있을 수 있습니까? 혼자서 성경을 읽고 기도하면서 신앙을 유지할 수 있을까요? 우리의 믿음의 선조들은 그런 말을 단호하게 거부했습니다.

"교회 밖에서는 구원이 없다." 사도신경

✏️ 정리하며 나가기

1. '교회를 믿는다'는 이 고백은 _____ 님에 대한 고백 안에 포함되어 있습니다. 교회는 성령님께서 지키심을 보여줍니다.

2. 교회가 거룩하다고 사도신경은 말합니다. 어떻습니까? 동의되십니까? 교회는 거룩합니다. 거룩의 기본적인 뜻은 _____ 입니다. 그런데 누구와 다르다는 것보다 더 중요한 점은 누구에게 접붙여졌느냐입니다. 그렇다면 교회는 누구에게 접붙여졌길래 거룩하다고 할 수 있습니까?

3. 공교회를 믿습니다. 공교회란 '전 세계적인, 한 지역에만 국한되지 않는'이란 뜻입니다. 그렇다면 지금 아프리카의 한 선교사가 전한 복음을 듣고 세워진 교회와 여러분의 교회가 하나의 교회, 같은 주님을 섬기는 한 교회임을 느끼고 계십니까?

4. 어쩌면 유치해보일지도 모를 질문 하나 해봅시다. 교회는 누가 세웁니까? 누구의 교회입니까?

이 답이 어려울 리야 없으니 그 다음 질문으로 넘어갑시다. 여러분의 교회라도 되는 듯이 행동하지는 않는지요? 내가 없으면 안되기라도 할 듯이 생각하지는 않는지요? 이 질문을 다각도로 적용해 봅시다.

5. "교회는 주님의 교회이다." 이 명제에 대한 최대의 적으로 종교개혁자들은 당연히 교황을 꼽았습니다. 하지만 교황들마저도 저 명제가 틀렸다고 감히 말하지는 않습니다.
그렇다면 이 교회를, 교회의 회원들을 주께서 어떻게 불러모으십니까? _____ 과 _____ 으로

그렇게 믿습니까? 정말 그렇습니까? 말씀도 좋아야 되지만, 다른 걸 무시하면 안 됩니다, 라고 말하고 싶지는 않습니까? 이미 여러분의 마음은 손을 들고 이의 있다고 소리 지르고 있지는 않는지요?

_____의 도(말씀)가 멸망하는 자들에게는 미련한 것이요 구원을 받는 우리에게는 하나님의 능력이라. (고전 1:17)

십자가를 전하는 말씀이 구원의 능력입니다.

I. 성부 하나님
   1. 나는 전능하신 하나님 아버지, 천지의 창조주를 믿습니다.

II. 성자 하나님
   2. 나는 그분의 독생자 우리 주 예수 그리스도를 믿으오니,
   3. 그는 성령으로 잉태하여 동정녀 마리아에게서 나셨고,
   4. 본디오 빌라도 치하에서 고난당하시고,
      십자가에 달리시고, 죽으시고, 장사되시고,
      음부에 내려가셨으며,
   5. 사흘 만에 죽은 자들로부터 부활하셨고,
   6. 하늘에 오르셨고,
      전능하신 하나님 아버지의 우편에 앉아 계시는데,
   7. 거기서 산 자들과 죽은 자들을 심판하러 오실 것입니다.

III. 성령 하나님
   8. 나는 성령을 믿습니다.
☞ 9. 나는 거룩한 공교회와 성도의 교제와
   10. 사죄와
   11. 육의 부활과
   12. 영생을 믿습니다.   -아멘-

제18과

성도의 교제를 믿습니다

사도행전 20:35

들어가면서

▶ "성도들 간의 교제를 믿습니다?" 여전도회 친목회, 학생회 야유회, 청년회 볼링대회, 이런 친교, 혹은 교제를 위한 모임이 우리가 '믿어야' 할 대상이라는 말일까요?

▶ 초대교회, 로마시대에 박해가 심했습니다. 그래서 교인들은 자신들이 교인이라고 밝히지 못하고 살 때가 있었습니다. 이 때 성도들 사이에는 어떤 교제가 있었을까요? 어떻게 교제가 가능했고, 우리는 성도의 교제를 믿습니다, 라고 고백할 수 있었을까요? 얼굴도 모르는데? 예수 믿노라고 당당히 말도 못하는 마당인데?

사도신경은 성부, 성자, 성령님을 믿는다는 고백입니다. 앞에서 거듭 말했듯이 삼위 하나님을 믿는다는 고백입니다. 그런데 지금 살펴보려 하는 내용은 '성도의 교제'입니다. 이것도 우리가 고백해야 할 신앙의 중요한 항목일까요? 스무 가지가 안 되는 이 사도신경의 항목 안에 들어갈 정도로 중요한 고백일까요? 예수님의 십자가를 믿는다는 고백만큼이나 중요해서 여기 들어 있을까요?

1. 예수님과의 교제, 그리고 성도의 교제

성도들 사이에 서로 '교제', 즉 친교 혹은 사귐이 있으려면 우선 우리 각자가 예수님과 교제가 있어야 합니다. 예수님과 사랑의 사귐이 없으면, 예수님의 백성인 다른 사람과 사귈 수 없습니다.

이번에도 하이델베르크 교리문답의 가르침을 먼저 살펴봅시다.

문 55. "성도의 교제"를 당신은 어떻게 이해합니까?

답: 첫째, 신자는 모두 또한 각각

그리스도의 지체로서

주 그리스도와 교제하며

그의 모든 부요와 은사에 참여합니다.

둘째, 각 신자는 자기의 은사를

다른 지체의 유익과 복을 위하여

기꺼이 그리고 즐거이

사용할 의무가 있습니다.

(1) '성도의 교제'에서 '성도(聖徒)'는 누구입니까?

성도란 말 그대로 '거룩한 무리'입니다. 오해하지 않도록 주의해야 합니다. 성경이 '거룩하다' 혹은 '성결'이라는 말을 쓸 때, 그 1차적인 의미는 '다르다, 분리되다'입니다. 물론 분리되어서 하나님께 붙어야 합니다. 하나님 안으로 들어가야 합니다.

'성도'는 하나님께서 세상에서 끄집어내셔서, '삼위 하나님 안으로' 불러들인 사람들입니다. 세례가 바로 예수님 안으로 들어가는 의식입니다. 예수님과 합쳐집니다(롬 6:3-4, 갈 3:27). 그러니까, 예수 믿는 사람을 '성도'라고 부르는 순간, 이미 예수님과 사랑의 교제가 있는 사람이라는 뜻이 됩니다. 우리를 '거룩한 사람', 즉 성도라 부를 수 있는 이유는 우리에게 있지 않습니다. 거룩하신 예수님 안으로 들어갔기 때문입니다.

(2) 이 성도가 예수님과는 어떤 교제를 가집니까?
예수님과 합쳐져서 성도가 된 우리의 모습을 하이델베르크 교리문답은 어떻게 정리하고 있는지 살펴볼까요?

1) 신자는 모두 그리스도의 지체입니다.
우리 모두는 그리스도의 몸인 교회의 손, 발, 귀 등 몸의 각 부분들입니다.
2) 주 그리스도와 교제합니다.
그분과 진짜로 '사귑니다.'
3) 그분의 보화와 은사, 즉 선물에 참여합니다. 다 누립니다.
예수님의 모든 보물이 다 우리 거라고 합니다. 우리가 가진 모든 것이 다 그분의 선물이기도 합니다.

(3) 성도들 간에는 어떤 교제가 있어야 합니까?
이런 성도들은 자신들이 예수님 때문에 누리는 모든 은사, 즉 선물을 다른 지체, 다시 말하면 자기 자신처럼 예수님의 은혜로 예수님의 몸이 된 다른 성도들의 유익과 복을 위하여 사용합니다. 그래야 합니다.

교리문답의 둘째 부분을 정리해볼까요?

1) 우리가 가진 은사, 즉 선물을 누구의 유익과 복을 다른 지체를 위해서 써야합니다.

2) 다른 지체를 위해 우리의 은사를 써야 하는 우리의 의무, 이 의무를 다할 때, 기꺼이, 그리고 즐거이 하라고 합니다.

할까말까 망설이지도 말고, 억지로 해서도 안 된다고 가르치고 있습니다. 특별히 다른 지체의 복을 위해서 써야 한다고 하이델베르크 교리문답이 말합니다.

'복', 이 말을 생각해봅시다. 우리 모두는 복을 참 좋아합니다. 복이라는 글자를 아파트 계단에조차 붙여놓는 중국인뿐 아니라 우리 모두가 좋아합니다. 그런데 여러분이 복을 나눠주고, 더 나아가, 다른 사람, 다른 지체, 다른 형제들에게 '복' 그 자체가 될 마음은 없습니까? 교회 안에 그런 사람이 필요하다는 거, 다 알지만, 자신이 그 '복'이 되기는 주저합니다. 그 자체가 복인데 말입니다.

이 대목에서 주님의 말씀 한 구절 떠올려 봅시다.

주 예수께서 친히 말씀하신 바 주는 것이 받는 것보다 복이 있다 하심을 기억하여야 할지니라. (행 20:35)

2. 성찬에 나타난 '성도의 교제'

이와 같은 교제의 양 측면, 예수님과의 교제와 성도 간의 교제는 '성찬'이라는 기독교 예식에 잘 나타납니다. 신약 시대의 예식, 즉 성례에는 세례와 성찬, 두 가지만 있습니다. 천주교는 일곱 가지로 늘여놨습니다.

성찬식은 크게 두 가지 의미가 있습니다. 먼저, 빵과 포도주를 통해서 예수님께서 우리 대신 죽으셨다는 사실을 고백합니다. 성찬에서 그리스도와의 사랑의 교제가 깊어지게 됩니다.

둘째, 한 덩어리의 빵을 떼어서 나눠 먹는 이 과정을 통해서 우리가 한 몸, 한 가족임을 고백합니다. 그러므로 성찬에 참여하는 성도는 형제를 향한 사랑이 있는지를 점검하고 더 잘 하도록 결심해야 합니다.

3. 거룩한 공교회가 곧 성도의 교제입니다.

성도의 교제는 예수님 안으로 들어가 한 몸이 된 성도들 간의 교제라고 했습니다. 이는 곧 거룩한 공교회의 모습입니다.

공교회란 시공을 초월하여 예수님께서 불러 모으신 교회를 뜻합니다. 이는 그대로 성도의 교제에서 나타납니다. 예수님 안에서 누리는 보화를 남에게 유익과 복이 되게 나눠주는 모습, 이것이 바로 공교회입니다.

거룩한 교회, 이는 성도(聖徒)라는 단어의 '성(聖)'과 관련됩니다. 거룩한 백성들, 즉 성도들의 모임은 '거룩한 교회'입니다. 이처럼 성도의 교제는 곧 거룩한 공교회의 다른 표현입니다. [사도신경]

✎ 정리하며 나가기

1. 성도들 간에 아름다운 친교가 있으려면, 먼저 무엇을 해야 할까요?

2. '성도'는 '거룩한 사람들'입니다. 사람이 거룩해지려면 어떻게 되어야 합니까?

3. 성도는 먼저 그리스도와 교제하는 사람입니다. 이를 하이델베르크 교리문답은 세 가지로 정리하고 있습니다. 교리문답을 읽으면서 빈칸을 채워봅시다.

   (1) 신자는 모두 _____의 지체입니다.
   즉, 예수님과 한 몸이라는 말입니다. 우리 모두는 손, 발, 귀 등 몸의 각 부분들입니다.
   (2) 주 _____ 와 교제합니다.
   그분과 진짜로 '사귑니다.'
   (3) 그분의 _____ 와 은사, 즉 선물에 참여합니다. 다 누립니다.
   예수님의 모든 보물이 다 우리 거라고 합니다. 우리가 가진 모든 것이 다 그분의 선물이기도 합니다. 우리는 그런 사람들입니다.

4. 그리스도와 한 몸이 되어 그분과 교제하는 성도들은 성도를 서로 사랑하고 챙기고 보살피는 '사귐'이 있어야 합니다. 교리문답 둘째 부분은 어떻게 가르쳐 주고 있는지 살펴보겠습니다.

   (1) 우리가 가진 은사, 즉 선물을 누구의 유익과 복을 위해서 써야

합니까? _____

(2) 다른 지체를 위해 우리의 은사를 써야만 하는 우리의 의무, 이
의무를 다할 때, 어떤 마음 가짐으로 하라고 합니까?
_____, 그리고 _____
두 단어의 반대말을 연결해 보세요. 초등학생 시절, 혹은 국민
학교 다닐 때 했던, "관련된 사항을 줄 그어 연결하기" 한 번 해
봅시다. 그리고 반대말을 보면서 원래의 뜻을 생각해 봅시다.

기꺼이 ◆　　　　◆ 억지로
즐거이 ◆　　　　◆ 망설이면서

5. 성도의 교제는 성찬에서 잘 나타납니다. 여러분이 성찬에 참여하
는, 세례받은 사람이라면 스스로 물어봅시다. 성찬에 참여하면서,
준비하면서, 마치고 기도하면서 형제를 사랑하는 지를 점검하고
반성해 보셨습니까?

I. 성부 하나님
   1. 나는 전능하신 하나님 아버지, 천지의 창조주를 믿습니다.

II. 성자 하나님
   2. 나는 그분의 독생자 우리 주 예수 그리스도를 믿으오니,
   3. 그는 성령으로 잉태하여 동정녀 마리아에게서 나셨고,
   4. 본디오 빌라도 치하에서 고난당하시고,
      십자가에 달리시고, 죽으시고, 장사되시고,
      음부에 내려가셨으며,
   5. 사흘 만에 죽은 자들로부터 부활하셨고,
   6. 하늘에 오르셨고,
      전능하신 하나님 아버지의 우편에 앉아 계시는데,
   7. 거기서 산 자들과 죽은 자들을 심판하러 오실 것입니다.

III. 성령 하나님
   8. 나는 성령을 믿습니다.
   9. 나는 거룩한 공교회와 성도의 교제와
☞ 10. 사죄와
   11. 육의 부활과
   12. 영생을 믿습니다.   —아멘—

제19과

사죄를 믿습니다

에베소서 1: 7

들어가면서

사죄, 죄 사함, 이 조항은 왜 필요할까요? 우리는 왜 죄 사함을 받아야 하죠?

이 구절의 위치를 주목해야 합니다. 나뭇가지를 살피기 전에 먼저 숲을 살펴야 하는 원리와 같습니다. 이 구절은 "성령을 믿습니다."라는 항목에 포함되어 있음을 기억해야 합니다.

"죄 사함을 받았습니다." 이렇게 고백하면 다 된 겁니까? 아닙니다. 이 공식적인 고백보다 더 중요한 문제는 진짜 죄 사함 받았느냐, 입니다. 어쩌면 나중에, 언젠가는, 이 세상 마지막, 혹은 내 인생의 마지막에 용서함 받지 않을까요?, 라는 식의 희미한 생각만 갖고 있습니까? 교회를 열심히 다녔으니, 그리고 하나님은 사랑의 하나님이시니까 어떻게 해주시겠죠, 뭐! 이렇게 막연하게 기대하고 있지 않습니까? 그게 믿음일까요?

1. 사죄의 필요성

우리는 왜 사죄를 믿어야 할까요? '죄 사함'이 우리에게 필요하다는 말입니까? 왜 그렇죠?

(1) 우리 모두는 죄인입니다.

죄 사함이 필요하다는 말은 우리가 죄인이라는 뜻입니다. 이에 대해서 우리들 개인의 감정을 기준으로 설명하려 해서는 안 됩니다. 성경이 뭐라고 말하는 지를 먼저 들어봐야 합니다. 로마서 3:23입니다.

모든 사람이 죄를 범하였으매 하나님의 영광에 이르지 못하더니

모든 사람이 죄를 범했습니다. 그래서 우리 모두는 죄인입니다. 아니, 더 정확히 말하면 죄인이기 때문에 죄를 쉽게 짓습니다.

"우리는 죄인이다." 이를 증명해야 할 필요가 있을까요? 우리의 삶이 이미 충분히 보여주고 있지 않습니까.

인간이 죄인임을 증명하기 위해서 우리를 다른 사람들과 비교해서 평가해서는 안 됩니다. 그런 식으로 하면 답은 여러 가지로 나올 수 있습니다. 그러므로 오직 '하나님의 말씀'과 비교해야 합니다. 이 말의 의미를 우리 각자가 곱씹어 보아야 합니다.

(2) 죄에 대한 형벌은 죽음이기 때문입니다.

죄를 지은 모든 사람, 즉 모든 사람은 죄를 무지 싫어하시는 하나님 앞에 서야 합니다. 그 하나님께서 내리시는 형벌은 '죽음'입니다. 모든 죄가 다 마찬가지이며, 누구에게도 예외가 없는 법칙입니다.

성경이 뭐라고 하는지를 보겠습니다.

죄의 삯은 사망이요,(로마서 6:23)

이 죽음의 의미는 그리스도의 죽으심과 부활에서 이미 살펴보았습니다. 죽음의 끝은 생명이신 하나님과 영원한 결별입니다.

2. 어떻게 죄 사함 받습니까?

에베소서 1:7을 보겠습니다.

우리는 그리스도 안에서 그의 은혜의 풍성함을 따라 그의 피로 말미암아 속량 곧 죄 사함을 받았느니라.

속량이라는 말부터 짚어봐야겠습니다. 이 말은 '종의 신분에서 풀려남'을 뜻합니다. 그러니까 우리가 속량을 받는다는 말은 곧 죄의 결과인 죽음에서 풀려남을 의미합니다. 그래서 "속량, 곧 죄 사함"을 받았다고 말합니다.

(1) 그의 '피'로 죄 사함 받습니다.

그 죄 사함을 그분, 즉 그리스도의 피를 통해서 받습니다.

다시 말하면, 예수님께서 우리를 대신해서 죽어주심 덕분에 죄 사함을 받을 수 있게 되었습니다.

우리의 노력과 업적 때문이 아닙니다. 찬송가 544장 2절 가사처럼 "힘써도, 말과 뜻과 행실이 깨끗하고 착해도"할 수 없습니다. 우리를 구원하실 분은 예수님뿐입니다.

계시록에서도 같은 말을 하고 있습니다.

우리를 사랑하사 그의 피로 우리 죄에서 우리를 해방하시고(1:5)

피와 풀어줌, 에베소서의 말씀과 내용이 일치합니다.

(2) 그의 은혜의 풍성함을 따라

왜 하나님은 그렇게 예수님을 십자가에 달려 죽게 하셨을까요?
"왜 날 사랑하나? 왜 주님 갈보리 가야했나?" 이 복음송 가사처럼 왜
하나님은 죄 사함 받는 길을 마련하시려 예수님이 피 흘리시게 하셨
을까요?

에베소서 1:7에 그 답이 있습니다.

그리스도 안에서 그의 은혜의 풍성함을 따라

그렇습니다. 하나님의 은혜가 풍성하기 때문입니다. 사랑이 너무
많으시기 때문입니다. 왜 날 사랑하나? 답은 '은혜'입니다. 넘치는 은
혜입니다. 그분 안에 사랑이 풍성해서 흘러넘쳐 우리를 향해 쏟아집
니다. 우리를 가득 채웁니다.

3. 사죄의 현재성

에베소서 1:7을 풀어서 쓰면 이렇습니다.

우리는 이미 사죄 받았습니다. 그리고 죄 사함을 지금도 받습니다.

우리말 성경에는 '죄 사함을 받았느니라'로 과거형으로 되어 있습니다. 하지만 원문(그리스어)으로는 현재형입니다. 늘 죄 사함을 받고 있다는 말입니다.

앞서 말한 대로 '언젠가는 죄 사함을 받겠지요'라는 생각은 옳지 않습니다. 지금, 이미 죄 사함을 받아야 합니다. 받고 있어야 합니다.

자, 여러분은 지금 어떠합니까? 죄 사함 받았습니까? 말로는 주님의 피 덕분에, 하나님 아버지의 사랑 때문이라고 말하면서도 '은근히' 자신의 장점을 끼워 넣어서, 또 약간은 다른 사람과 비교해서 '저 사람보다 나은 나는 당연히' 사죄 받았다고 믿고 있지 않습니까? 그건 믿음이 아니고 '우김'일 뿐입니다.

4. 이 사죄 조항은 어디에 자리하고 있습니까?

처음에 말했듯이 사도신경의 각 조항을 살필 때는 언제나 숲을 함께 봐야 합니다.

사죄 고백은 사도신경 제3부 성령님에 관한 고백 안에 포함되어 있습니다. 그리고 교회와 성도의 교제에 대한 고백, 그리고 사죄를 고백합니다. 이 순서가 우리에게 뭘 가르쳐주고 있습니까? 교회는 교회 역사 내내 왜 이 순서대로 고백을 했을까요?

교회는 성령님의 인도와 통치 하에 있어야 합니다. 그리고 교회는 끝없이 죄를 책망하고 그 죄를 사함 받는 길을 가르쳐야 한다는 사실을 사도신경은 그 순서를 통해서 이미 말하고 있습니다.

우리는 자주 착각합니다. 우리 각자는 주님을 영접하고 죄 사함 받아서 그 다음에 교회로 들어간다고. 아닙니다. 그 반대입니다. 교회를 통해서 은혜를 받고, 죄 사함의 복음을 듣습니다. 그러므로 교회 밖에서는 구원이 없습니다. '가나안 성도'도 존재할 수 없습니다. 그냥 예전에는 교회를 다니다가 지금은 안 다니는 사람일뿐입니다.

5. 사죄의 감격을 가르쳐 주는 성경 구절

사죄의 감격을 전해주는 성경 구절을 구약 성경에서만 몇 구절 뽑아보았습니다. 굳이 구약에서만 찾은 이유는 구약은 신약보다 저급하며 '화내시는 하나님'만 보여준다는 생각을 하는 분이 있어서입니다. 자, 구약이 사죄의 감격을 어떻게 노래하고 있는지 보겠습니다.

여호와는 긍휼이 많으시고 은혜로우시며 노하기를 더디 하시고 인자하심이 풍부하시도다. 자주 경책하지 아니하시며 노를 영원히 품지 아니하시리로다. 우리의 죄를 따라 우리를 처벌하지는 아니하시며 우리의 죄악을 따라 우리에게 그대로 갚지는 아니하셨으니 이는 하늘이 땅에서 높음 같이 그를 경외하는 자에게 그의 인자하심이 크심이로다. 동이 서에서 먼 것 같이 우리의 죄과를 우리에게서 멀리 옮기셨으며 아버지가 자식을 긍휼히 여김 같이 여호와께서는 자기를 경외하는 자를 긍휼히 여기시나니 (시편 103:8-13)

주와 같은 신이 어디 있으리이까 주께서는 죄악과 그 기업에 남은 자의 허물을 사유하시며 인애를 기뻐하시므로 진노를 오래 품지 아니하시나이다. 다시 우리를 불쌍히 여기셔서 우리의 죄악을 발로 밟으시고 우리의 모든 죄를 깊은 바다에 던지시리이다.
(미가 7:18-19)

허물의 사함을 받고 자신의 죄가 가려진 자는 복이 있도다. 마음에 간사함이 없고 여호와께 정죄를 당하지 아니하는 자는 복이 있도다. (시편 32:1-2_이 구절은 로마서 4:7-8에 그대로 인용되고 있습니다.)

![사도신경]

🖊 정리하며 나가기

1. 인간에게 왜 사죄가 필요할까요?

2. 우리가 죄 사함을 받을 수 있는 길은 어떻게 열렸습니까? 에베소서 1:7에서 답을 찾아봅시다.

3. 왜 하나님은 당신의 아드님께서 피 흘리며 죽어야 하는 그 치욕을 안기시면서까지 우리 죄를 용서하시려 하십니까? 이 역시 에베소서 1:7에서 답을 찾아 봅시다.

4. 죄 사함은 미래의 일이 아니라 이미 지금 이 순간 우리 안에 이뤄져 있어야 하고, 그래서 누리고 있어야 합니다. 죄 사함 받은 하나님의 백성의 감격을 잘 표현해주는 시편 한 구절을 확인해 봅시다.

허물의 사함을 받고 자신의 죄가 _____ 자는 복이 있도다. 마

음에 간사함이 없고 여호와께 _____ 를 당하지 아니하는 자는 복이 있도다. (시편 32:1-2)

5. 사죄를 믿는다는 이 고백의 위치를 다시 생각해 봅시다.

사죄는 제3부_____ 에 관한 고백 안에 위치하고 있습니다. 그리고 _____ 와 성도의 교제 다음에 자리하고 있습니다. 그렇다면 교회는 사죄의 길을 잘 가르쳐야 합니다.

교회 없이 사죄의 은혜를 입어 하나님 앞에 나아갈 수 있을까요? 다시 말해서 구원받을 수 있습니까?

"가나안 성도"란 말이 왜 모순인지 설명해 봅시다.

스크루지 영감과 이단

　서양을 대표하는 구두쇠로 스크루지 영감이 있습니다. 크리스마스가 되어도 남을 위해 단 한 푼도 내놓지 않는 못된 영감탱이가 하룻밤 꿈에 귀신을 몇 만나고 나서는 메리 크리스마스를 외치고 거액의 기부금을 쾌척한다는 이야기, 『크리스마스 캐롤』! 하지만 크리스마스는 가난한 사람을 생각해야 하는 날이라는 이상의 말은 찾아보기 힘듭니다. '구주'의 탄생에는 관심이 없어 보입니다.
　이 작품을 쓴 찰스 디킨스(1812~1870)는 그런 사람입니다. 가난한 자를 사랑하는 데는 관심이 많았지만, 정작 '구주' 예수님에 대해서는 별 흥미를 느끼지 못했습니다.

　그런 디킨스가 자기 자녀들에게 성경을 가르치기 위해서 『주 예수의 생애』라는 책을 썼습니다. 이 책은 예수님을 "선하고 친절하고 온유하고 어려운 사람을 가엾게 여기는 분"으로 소개합니다. 우리를 죄에서 구원하시기 위해서 하신 일에 대해서는 별 설명을 하지 않습니다. 다만, 주님을 본받아서 선을 행해야 한다고만 역설합니다. 그 책 말미에서 이렇게 외칩니다.
　"늘 선을 행하는 것이 기독교이다."
　맞는 말 같아보이지만, 예수님이 우리의 구주가 되시기 위해서 사람이 되셨다는 사실을 빼고 저렇게만 말하면 성경의 진리를 왜곡시킬 위험이 있습니다. 마치, 예수님은 사람이었는데, 하나님의 뜻을 따라 선을 행함으로서 하나님의 아들이 되었듯이 우리도 주님을 '모범'으로 삼아야 한다고 주장한 아리우스나 그 후계자들의 주장과 유사합니다.

　이단은 저 멀리 있는 괴물이 아니라, 생각보다 우리 가까이, 우리 안에 있을 수 있습니다. 사도신경

I. 성부 하나님
    1. 나는 전능하신 하나님 아버지, 천지의 창조주를 믿습니다.

II. 성자 하나님
    2. 나는 그분의 독생자 우리 주 예수 그리스도를 믿으오니,
    3. 그는 성령으로 잉태하여 동정녀 마리아에게서 나셨고,
    4. 본디오 빌라도 치하에서 고난당하시고,
       십자가에 달리시고, 죽으시고, 장사되시고,
       음부에 내려가셨으며,
    5. 사흘 만에 죽은 자들로부터 부활하셨고,
    6. 하늘에 오르셨고,
       전능하신 하나님 아버지의 우편에 앉아 계시는데,
    7. 거기서 산 자들과 죽은 자들을 심판하러 오실 것입니다.

III. 성령 하나님
    8. 나는 성령을 믿습니다.
    9. 나는 거룩한 공교회와 성도의 교제와
    10. 사죄와
☞ 11. 육의 부활과
    12. 영생을 믿습니다.　　　-아멘-

제20과

육의 부활

빌립보서 3:21

들어가면서

죽은 사람이 다시 살아날 수 있을까요? 어떻게 그런 일이 가능합니까? 그것도 절대 다시 죽지 않을 몸으로? 우리 몸이 다시 살아난다는 사실, 이 사실에 대한 고백은 지금 우리에게 어떤 유익, 어떤 위로가 됩니까?

1. 부활 조항의 위치

이 부활 고백이 어디에 위치하고 있는지부터 봐야 그 의미를 정확히 볼 수 있습니다.

(1) 부활은 성령님의 일

이 고백은 제3부 성령님에 대한 고백 안에 위치하고 있습니다. 우리의 부활, 성도들의 부활은 성령께서 하시는 일입니다. 우선 이에 대해 성경의 가르침을 보겠습니다.

예수를 죽은 자 가운데서 살리신 이의 영이 너희 안에 거하시면 그리스도 예수를 죽은 자 가운데서 살리신 이가 너희 안에 거하시는 그의 영으로 말미암아 너희 죽을 몸도 살리시리라. (로마서 8:11)

예수를 죽은 자 가운데서 살리신 이는 물론 하나님이십니다. 그분의 영, 즉 성령님을 통해서 우리도 살리십니다. 그러므로 부활은 성부 하나님께서 성령님께 맡기신 일입니다.

(2) 부활은 사죄(죄 사함) 다음에 나옵니다.

인간은 죄인이기 때문에 하나님께 나아가려면 이 죄를 용서받아야 합니다. 그리고 죄의 결과인 죽음으로부터 해방되어야 하나님과의 완전한 교제가 회복됩니다. 그러므로 사죄 다음에 부활이 나오는 것은 당연한 논리적인 순서입니다.

(3) 이 사죄와 부활의 은혜는 교회를 통해서만 받습니다.

사죄의 은혜가 교회를 통해서만 선포됩니다. 마찬가지로 그 사죄의 결과인 부활, 그리고 다음에 이어지는 영생 역시 교회 없이는 불가능합니다. 따라서 교회- 사죄 - 부활 - 영생의 순서는 타당하며, 또한 이 모든 고백이 성령님에 대한 고백 아래 위치할 수밖에 없습니다.

2. 사람은 왜 죽는가?

이제 부활 문제에 집중해 봅시다.

사람은 왜 죽을까요? 로마서가 답을 합니다.

죄의 삯은 사망이요. (로마서 6:23)

우리의 조상 아담이 죄를 지은 후, 모든 인간은 죄인으로 태어나고 죄를 짓습니다. 그래서 아담 때부터, 그리고 그 후손인 우리 모두는 다 죽습니다. 죽음의 원인은 죄이며, 죽음의 결과는 하나님과의 완전한 결별입니다. 이 점은 예수님의 죽으심과 부활에서 살펴봤습니다.

사람들은 누구나 죽음을 두려워합니다. 하지만 죽음의 참된 의미를 다 알지는 못합니다. 성경은 우리에게 분명하게 말해줍니다.

3. 그렇다면 부활은 어떤 의미가 있습니까?

(1) 부활은 죽음의 '반전'입니다.

너무 당연한 이야기입니다만, 부활은 죽음에 대한 승리입니다. 죄 때문에 죽었어야 하는 인간이 다시 죽지 않는 몸으로 부활한다면, 이는 죽음이라는 형벌이 끝났음을 의미하며, 더 나아가 죽음의 극복입니다. 그리스도의 부활에서 보았듯이, 죽음이 죄 때문에 왔고, 그 죽음이 하나님에게서 떨어져 나가는 것이라면, 죽음에서 살아남, 즉 부활은 곧 하나님과 영원한 동행의 출발이라 할 수 있습니다.

(2) 몸의 부활이 아닌, 육의 부활

사도신경은 단순히 우리 몸이 다시 산다고만 말하고 있지 않습니다. 우리말로는 몸, 육신, 육체 혹은 간단하게 '육', 다 같은 말입니다. 하지만 사도신경의 원래 언어인 라틴어(로마제국의 공식언어)나 헬라어(그리스어, 알렉산더 왕 덕분에 라틴어 이전에 유럽의 공용어)로는 그 의미가 좀 다릅니다.

헬라어로 된 신약 성경에는 '육, 육체, 육신' 등은 단순한 사람의 '몸' 이상의 의미일 때가 많습니다. 그것은 하나님을 대항하는 성향을 지닌 몸입니다. 로마서 8:7-8에 잘 나타나 있습니다.

육신의 생각은 하나님과 원수가 되나니, 이는 하나님의 법에 굴복하지 아니할 뿐 아니라 할 수도 없음이라. 육신에 있는 자들은 하나님을 기쁘시게 할 수 없느니라.

하나님의 율법에 순종하지도 않고, 순종할 수도 없는 육신. 그 안에만 있으면 하나님이 기뻐할 어떤 행동도, 생각도 못합니다. 하나님의 원수입니다. 이것이 육, 육신입니다. 언제나 죄로 기울어가는 성향을 가진 우리의 몸을 뜻합니다. 갈라디아 5:17도 이를 잘 보여줍니다.

육체의 소욕은 성령을 거스르고 성령은 육체를 거스르나니 이 둘이 서로 대적함으로 너희가 원하는 것을 하지 못하게 하려 함이니라

이 구절 이후에 저 유명한 '성령의 열매'가 열거되어 있습니다.

사도신경은 단순한 몸의 부활이 아닌, 하나님을 대항하는 '육체'의 부활을 고백합니다. 하나님을 기뻐하실 어떤 일도 하지 못하는 우리의 못난 육신이 주님께서 재림하실 때 부활합니다. 다르게 말하면, 하나님을 사랑할 수 없는 우리의 몸을 주께서 다시 살리시면서, 이제는 주님을 사랑할 수 있는 몸으로 부활시키신다는 깊은 고백

을 담고 있습니다.

성령님과 원수였던 우리를 이제는 성령님을 통해 죄 사함을 받고, 마침내는 성령님께서 우리를 다시 살리십니다. 우리의 '육'을 부활시키십니다. 죄의 결과인 죽음으로부터의 부활입니다.

그러므로 '육의 부활'의 고백은 '완전한 사죄'의 다른 표현이기도 합니다. 죄 짓는 성향, 악으로 기우는 마음마저 완전히 제하시고 예수님처럼 깨끗하고 영광스러운 몸으로 바꿔주신다는 의미입니다. 마치 예수님의 부활이 예수님의 무죄 증명인 것과 같은 이치입니다.

하이델베르크 교리문답 57문답은 이렇게 말합니다.

57문: "육신의 부활"은 당신에게 어떠한 위로를 줍니까?
  답: 이 생명이 끝나는 즉시
      나의 영혼은
      머리 되신 그리스도에게 올려질 것입니다.
    또한 나의 이 육신도
      그리스도의 능력으로 일으킴을 받아
      나의 영혼과 다시 결합되어
      그리스도의 영광스러운 몸과 같이 될 것입니다.

마지막 구절만 잘 기억합시다. 예수님의 몸처럼 됩니다. 예수님처럼 됩니다.

죄는 하나님과 사람을 갈라놓습니다. 죽음은 죄의 결과입니다. 아담 때부터 그랬습니다. 그러므로 죄 사함 받은 사람은 이제 몸이 부활함으로써 부활하신 예수님처럼 하나님과 사랑하는 사이로 완전하게 회복됩니다. 부활하면 우리 안에는 죄도 없을 뿐 아니라 죄를 짓고 싶은 마음조차 사라집니다.

이것이 '육의 부활'의 의미입니다.

인간의 문제	하나님의 해결
죄(죽음의 원인)	사죄
죽음(죄의 결과)	부활
육(죄의 근원)	육의 부활

창조의 능력, 부활의 능력

자, 그러면 처음 했던 질문에 대해서 답을 해봅시다. 죽은 사람이 다시 안 죽을 몸으로 살아날 수 있습니까?

답은 의외로 간단합니다. 성경의 첫 구절, 그리고 사도신경의 첫 구절이 답입니다. 하나님은 전능하셔서, 아무 것도 없는 상태에서 아름다운 만물을 만드셨습니다. 그런 능력이라면 죽은 사람을 살리는 일은 식은 죽 먹기입니다. 예수님의 부활도 하나님께는 어려운 일이 아니고, 우리의 몸, 우리 육신의 부활도 하나님께는 어렵지 않습니다.

우리가 부활을 믿지 못하는 이유는 결국 '하나님의 전능'에 대한 불신입니다.

두 번째 질문에 대한 답, 그건 앞에서 다 말했습니다. 부활의 유익, 육신의 부활의 유익, 그것은 바로 사죄의 완성이었습니다.

육의 부활과 성령님의 역할

거듭, 이 조항이 사도신경 제3부 성령 하나님에 대한 고백에 포함되어 있음을 기억합시다. 죄를 안 지을 수 없는 '육'이 어떻게 죄를 안 지을 수 있는, 아니 죄를 지을 수 없는 몸으로 변할 수 있을까요? 죽은 사람이 단순히 살기만 하는 것도 어려운데…. 당연하죠. 그렇게 어려운, 불가능한 일을 성령께서 하십니다. 이런 자세한 말이 사도신경에는 없지만, 사도신경 각 항의 순서와 구조가 이미 말해주고 있습니다.

[사도신경]

✏️ 정리하며 나가기

1. 죽음의 원인은 무엇입니까?

2. 죽음이 왜 무시무시한 벌입니까?

   그렇다면 그 벌에 대한 해벌인 부활은 어떤 의미입니까?

3. 단순한 몸이 다시 사는 부활이 아닌, '육신'의 부활은 어떤 의미입니까? 그것이 여러분에게 어떤 위로가 됩니까? 위로가 되기는 합니까? 로마서 8:7-8을 뒤집어서 적용해 봅시다.

   육신 안에 있지 않고, 부활한 육신 안에 있으면 하나님의 친구가 되나니, 부활한 육신은 하나님을 기쁘시게 하느니라.

   원래는 이렇습니다. 비교해서 읽어보세요.
   육신의 생각은 하나님과 원수가 되나니… 육신에 있는 자들은 하나님을 기쁘시게 할 수 없느니라.

Ⅰ. 성부 하나님
   1. 나는 전능하신 하나님 아버지, 천지의 창조주를 믿습니다.

Ⅱ. 성자 하나님
   2. 나는 그분의 독생자 우리 주 예수 그리스도를 믿으오니,
   3. 그는 성령으로 잉태하여 동정녀 마리아에게서 나셨고,
   4. 본디오 빌라도 치하에서 고난당하시고,
      십자가에 달리시고, 죽으시고, 장사되시고,
      음부에 내려가셨으며,
   5. 사흘 만에 죽은 자들로부터 부활하셨고,
   6. 하늘에 오르셨고,
      전능하신 하나님 아버지의 우편에 앉아 계시는데,
   7. 거기서 산 자들과 죽은 자들을 심판하러 오실 것입니다.

Ⅲ. 성령 하나님
   8. 나는 성령을 믿습니다.
   9. 나는 거룩한 공교회와 성도의 교제와
   10. 사죄와
   11. 육의 부활과
   ☞ 12. 영생을 믿습니다.   -아멘-

제21과
영생을 믿습니다
요한복음 17:3

들어가면서

영생에 대한 기대감이 있습니까? 없습니까?

영생이 단순하게 길게, 오래 산다는 뜻일까요? 그렇다면 지겹지는 않을까요?

1. 영생의 고백, 그 위치

이렇게 바꿔서 질문해 보겠습니다. 우리가 부활할 때는 죽기 전의 못난 모습 그대로 살아날까요? 병들어 죽은 사람은 그 병 가진 채로, 몸을 다친 사람을 그 모습 그대로 부활할까요?

그렇다면 부활이 우리에게 기쁠 일도, 기대할 일도 아닐 겁니다. 부활은 모든 슬픔과 고통도 극복한 몸으로의 부활입니다.

마찬가지입니다. 영생도 힘겹게 살던 삶의 막현한 연장이 아닙니다. 그렇다면 그 역시 우리에게 아무런 '위로'가 될 수 없습니다.

이 사죄, 부활, 영생에의 고백은 성령님에 대한 고백인 3부에 속해 있습니다. 다시 말하면 이 모든 일은 성령님께서 하시는 일입니다.

그리고 이런 은혜는 '교회'를 통해서 이뤄집니다.

죽음의 근원

죽음이 인간을 이기게 된 것은 '죄' 때문이었습니다. 우리의 조상 아담의 범죄 이후 인간은 모두가 죄인이 되었고, 죄를 짓습니다. 이 죄 때문에 인간은 죽게 됩니다.

죄의 삯은 사망입니다. (로마서 6:23)

죄 사함을 우리는 믿습니다. 예수님께서 우리의 죄를 대신 뒤집어쓰고 죽으셨기 때문에 우리는 죄 용서를 받습니다.

죄 사함 받은 그리스도인들을 주께서 재림하실 때, 다시 살리십니다. 우리는 육의 부활을 믿습니다. 단순한 몸의 부활만이 아니라, 죄를 잘 짓는 성향을 띤 우리의 '육신'이 부활함을 믿습니다. 그 성향이 바뀌어서 성령께서 원하시는 생각만 할 수 있는, 그런 몸으로 부활하게 됩니다.

죽음의 원인인 죄를 사함 받고, 죄의 결과인 죽음을 극복하고 부활합니다. 더욱이 죄의 근본 원인인 '육'까지도 이제는 변화되어 부활합니다.

이렇게 죄의 원인도 결과도 다 이겨내고 난 후 그 상태가 영원히 지속됩니다. 이것이 '영생'입니다.

2. 영생의 의미

그렇다면 영생, 영원한 생명은 무엇일까요? 그 핵심은 뭘까요?

우리는 여기서 먼저 짚고 넘어가야 합니다. 다른 고백들도 마찬가지이지만, 우리는 영생을 제대로 알 수 없습니다. 주께서 재림하실 때 이뤄질 새 하늘과 새 땅, 그 아름다운, 에덴보다 더 에덴 같은 곳에서의 삶을 다 파악할 수 없습니다. 우리의 한계 때문입니다. 그래서 성경은 뭐가 없다, 뭐가 없다는 식으로만 설명합니다.

(1) 영생의 핵심, 하나님을 아는 것

예수님께서 영생에 대해서 분명하게 해주신 말씀이 있습니다.

> 영생은 곧 유일하신 참 하나님과 그가 보내신 자 예수 그리스도를 아는 것이니이다. (요한복음 17:3)

조금 이상하지 않나요? 영생이 아는 것? 영원한 삶, 그것이 하나님과 예수님을 아는 것뿐일까요?

'안다'는 말은 단순히 아는 정도가 아닙니다. 사랑을 뜻합니다. 성경은 사람 사이의 '앎'을 그런 뜻으로 쓰고 있습니다.

저는 '수지'라는 연예인을 압니다. TV에서 봤습니다. 광고나 드라마에서 봤습니다. 그러나 이스라엘 사람들은 이 정도의 경우에 '안다'는 말을 함부로 하지 않습니다. 아내를 알고, 자녀를 알고, 목사가 교인을 알 때, 비로소 '안다'고 합니다. 머리로 아는 지식을 넘어서 가슴으로 알고 사랑하며, 더 나아가서 손발로 그 사랑을 표현할 때 비로소 '안다'는 말을 쓸 수 있습니다.

"내가 너희를 알지 못하니"

예수님께서 이 점에 대해서 분명히 말씀해주셨습니다.

천국 문이 닫힌 후에 그 문을 두드리며 주님을 부릅니다.

"우리가 주님의 이름으로 선지자 노릇하고, 귀신을 쫓아내고, 많은 능력을 행했잖아요. 아시죠, 주님?"

이들은 자기들이 들어가지 않았는데, 문이 닫힌 걸 보고는 천사들을 원망했을지도 모릅니다. 내가 아직 안 들어갔는데 말야, 쯧.

주님은 말씀하십니다.

"내가 너희를 도무지 알지 못하겠다."

전지(全知)하신 예수님께서 어떻게 사람을 못 알아보실까요? 왜 모른다고 하셨을까요?

예수님께서 이들이 누군지를 몰라서 하신 말씀이 아닙니다. 그들이 주님을 진정으로 사랑하지 않음을 간파하셨습니다. 자기를 위해서 했을 뿐, 주님과 무관했습니다. 그래서 주님도 그들을 사랑하지 않으셨습니다.

"아는 척 하지 마."

이게 바로 '안다'는 의미입니다.

그렇다면 영생이 하나님을 알고, 예수 그리스도를 하나님께서 보내셨음을 아는 것이라는 말씀의 의미는 분명해집니다. 영생은 하나님을 우리의 지성으로 알아갈수록 그 사랑에 감사하게 되고, 하나님께서 예수님을 왜 보내셨는지를 알고, 또 그 사랑을 기뻐합니다.

예수님께서 그리스도이심을 압니다. 그래서 그 '구주' 예수님을 고백하고, 또한 우리의 왕이시며, 선지자이시며, 제사장이신 예수님을 알고 고백합니다. 그분을 더 사랑하게 됩니다.

정리하자면, 영생은 삼위 하나님과의 사랑의 사귐(교제)입니다. 그 사귐이 '계속' 이어집니다. 영원히.

(2) 영원한 즐거움 & 찬양

하나님과 그 사랑을 알아갈수록 당연히 그 하나님을 우리도 사랑하게 됩니다. 그 사랑은 여러 가지로 표현될 수 있습니다. 찬양이 그 중 하나입니다. 찬양은 우리의 감정 표현이 아닙니다. 하나님의 사랑에 대한 감사의 표현입니다. 그러므로 찬양은 바로 '영생의 증거'라 할 수 있습니다.

하이델베르크 교리문답은 이 점에서 재미있는 표현을 합니다. 한 번 볼까요? 58문답입니다.

> 58문: "영원한 생명"은 당신에게 어떠한 위로를 줍니까?
> 답: 내가 이미 지금
>   영원한 즐거움을
>   마음으로 누리기 시작한 것처럼
>   이 생명이 끝나면
>   눈으로 보지 못하고
>   귀로도 듣지 못하고
>   사람의 마음으로도 생각지 못한
>   완전한 복락을 얻어
>   하나님을 영원히 찬양할 것입니다.

위의 문답에서 우리는 영생을 네 가지로 정리할 수 있습니다.

1) 영생은 영원한 즐거움이다.

2) 영생은 영원한 찬양이다.

3) 그 영생은 사람들은 도무지 상상해 내지 못한다.

4)그리고 그 영생은 지금, 이미 시작되어 있어야 한다.

영생은 곧 영원한 즐거움이며, 동시에 영원한 찬양이라고 합니다.

찬양, 찬송이 뭡니까? 삼위 하나님께서 이루신 구원의 역사를 보면서 그 삼위 하나님께 영광을 돌리는 노래입니다. 그 구원의 은혜를 내게도 주셨음을 찬양합니다. 이는 하나님을 제대로 '알' 때 저절로 나오게 됩니다. 그러니 영생은 지금 삼위 하나님을 '앎'에서 출발해서 영원히 지속되는 찬양과 즐거움입니다.

3. 영생, 다르게 설명하기

이 영생은 사람의 말로 제대로 설명하기 어렵습니다. 왜냐하면 이 땅에는 그것을 비견해서 설명할 비슷한 일이 없기 때문입니다. 그래서 성경은 영생이란 '뭐가 아니다', 혹은 '뭐가 없다'는 식으로 설명합니다.

> 모든 눈물을 그 눈에서 닦아 주시니 다시는 사망이 없고 애통하는 것이나 곡하는 것이나 아픈 것이 다시 있지 아니하리니 처음 것들이 다 지나갔음이러라. (계시록 21:4)

새 하늘과 새 땅에는 없는 것은 무엇입니까?

_____

성령님에 대한 고백은 사죄로 이어지고 부활을 거쳐 영생에 이릅니다. 죽음의 근원인 죄를 용서받고, 죄의 결과인 죽음을 이기는 부활을 우리는 믿습니다. 죄의 근본 원인이 되는 '육신'마저 주님을 순종하는, 순종할 수밖에 없는 몸으로 부활합니다. 이 상태로 영생을 누립니다.

우리를 구원하신 삼위 하나님을 영원히 찬양합니다. 아버지께서 예비하시고 예수님의 희생으로 이뤄진 구원을 이제 성령께서 우리를 그 구원으로 끌어주십니다. 〔사도신경〕

🖊 정리하며 나가기

1. 우리의 영생은 삼위 하나님 중 어느 분이 하시는 일입니까?

2. 영생의 핵심은 무엇입니까?

> 영생은 곧 유일하신 참 하나님과 그가 보내신 자 예수 그리스도를 _____ 이니이다. (요한복음 17:3)

여러분은 지금 영생의 즐거움을 누리고 있습니까? 시작되었습니까?

3. "찬양은 영생의 증거"입니다. 여러분의 삶에 찬송이 있습니까? 길

을 가다가, 차를 타고 가다가 하나님의 은혜에 감사해서 찬송이 터져 나오기도 합니까? 그것이 바로 "이미 시작된 영생"임을 알고 계십니까?

4. 교회에 대한 고백은 이 사죄, 부활, 영생보다 앞에 있습니다. 왜 그럴까요?

5. 교회에 대한 고백은 이 사죄, 부활, 영생보다 앞에 있습니다. 이는 교회의 가르침을 통해 사죄의 은혜가 주어지고, 사죄 후에 부활과 영생으로 이어질 수 있음을 보여줍니다. 그렇다면 교회는 성도의 사죄와 영생을 위해 뭘 해야할까요?

NOTE

NOTE